# Test Color Page

I0693875

# Tyrannosaurus rex

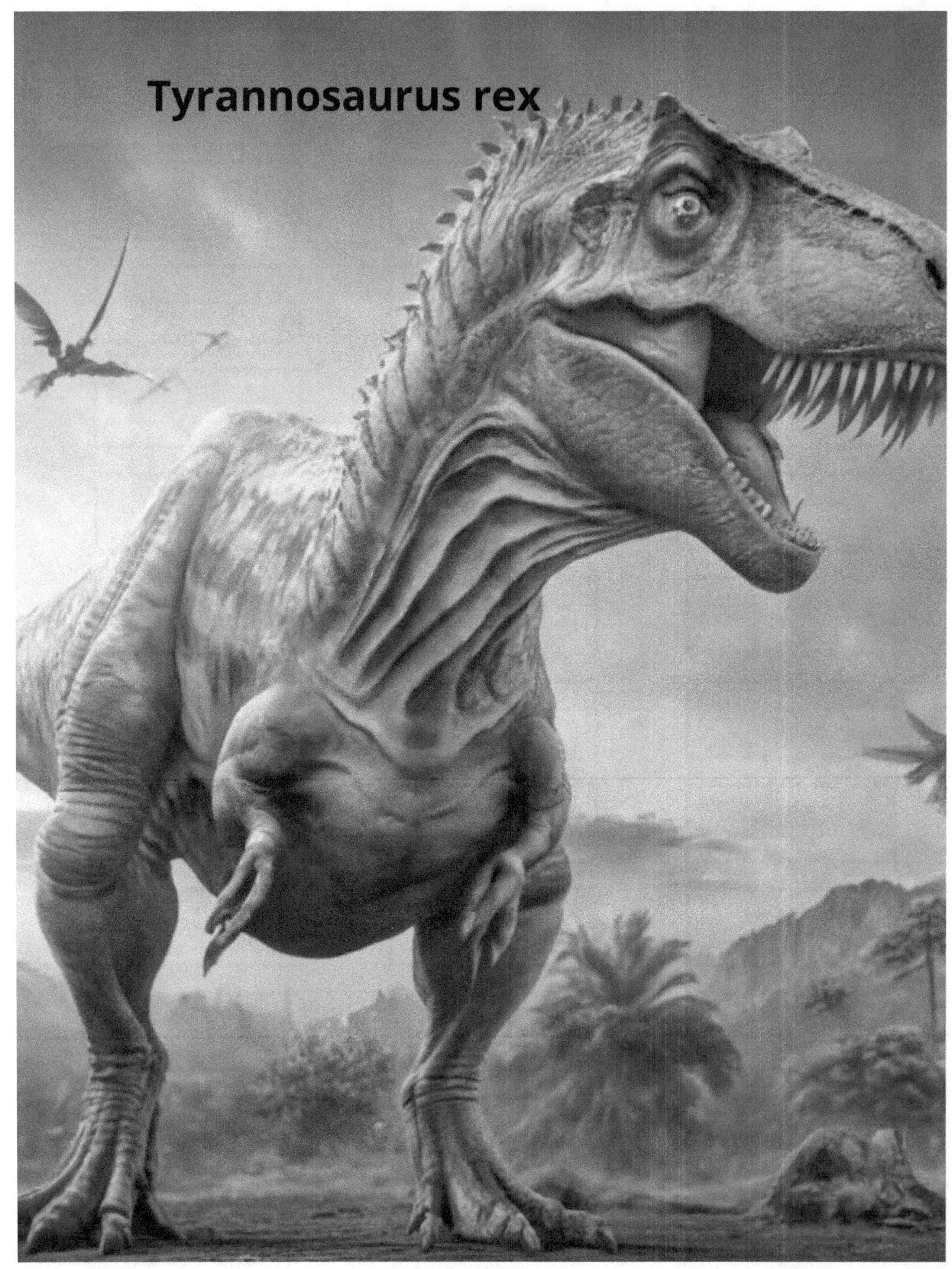

# "O Poderoso Tiranossauro Rex e Seu Mundo Antigo"

Era uma vez, em um período distante chamado Cretáceo, um gigante que reinava supremo entre os dinossauros: o temível Tiranossauro Rex, carinhosamente conhecido como T-Rex. Vamos explorar o fascinante mundo deste rei dos répteis!

**A Aparência Imponente:** O T-Rex era uma verdadeira maravilha da natureza, com sua estrutura massiva e cabeça imponente repleta de dentes afiados como lâminas. Seu corpo poderoso e cauda equilibrada tornavam-no um dos maiores predadores que já caminharam sobre a Terra.

**Hábitos Alimentares:** O T-Rex era um carnívoro voraz, alimentando-se de outros dinossauros. Sua poderosa mandíbula permitia-lhe triturar ossos, o que lhe conferia uma vantagem única na cadeia alimentar. Apesar da sua natureza predadora, estudos sugerem que o T-Rex também poderia ser um caçador oportunista, aproveitando-se de animais já mortos.

**Como Viviam:** A vida do T-Rex não era só sobre caça feroz. Esses gigantes compartilhavam características sociais surpreendentes. Podiam viver em grupos familiares, onde cuidavam dos ovos e dos filhotes. Seus ninhos eram verdadeiras obras-primas de engenharia natural, construídos com cuidado para proteger as preciosas futuras gerações.

**Locais onde Viviam:** O T-Rex vagava por vastas áreas, desde florestas até planícies, adaptando-se a diferentes ambientes. Suas pegadas fossilizadas foram encontradas em diversos lugares do mundo, revelando sua presença marcante em várias regiões.

**A Era dos Dinossauros:** Ao imaginar o mundo do Tiranossauro Rex, somos transportados para uma era antiga e misteriosa. Esses gigantes coexistiram com uma variedade incrível de outras espécies de dinossauros, cada um contribuindo para a complexa teia da vida naquele tempo distante.

Crianças, preparem-se para uma aventura no tempo! Vamos explorar o reino majestoso do T-Rex e aprender sobre sua vida, seus feitos e a emocionante era dos dinossauros que moldou o nosso planeta de maneiras extraordinárias. Que tal se juntar a essa jornada e desvendar os segredos do Tiranossauro Rex?

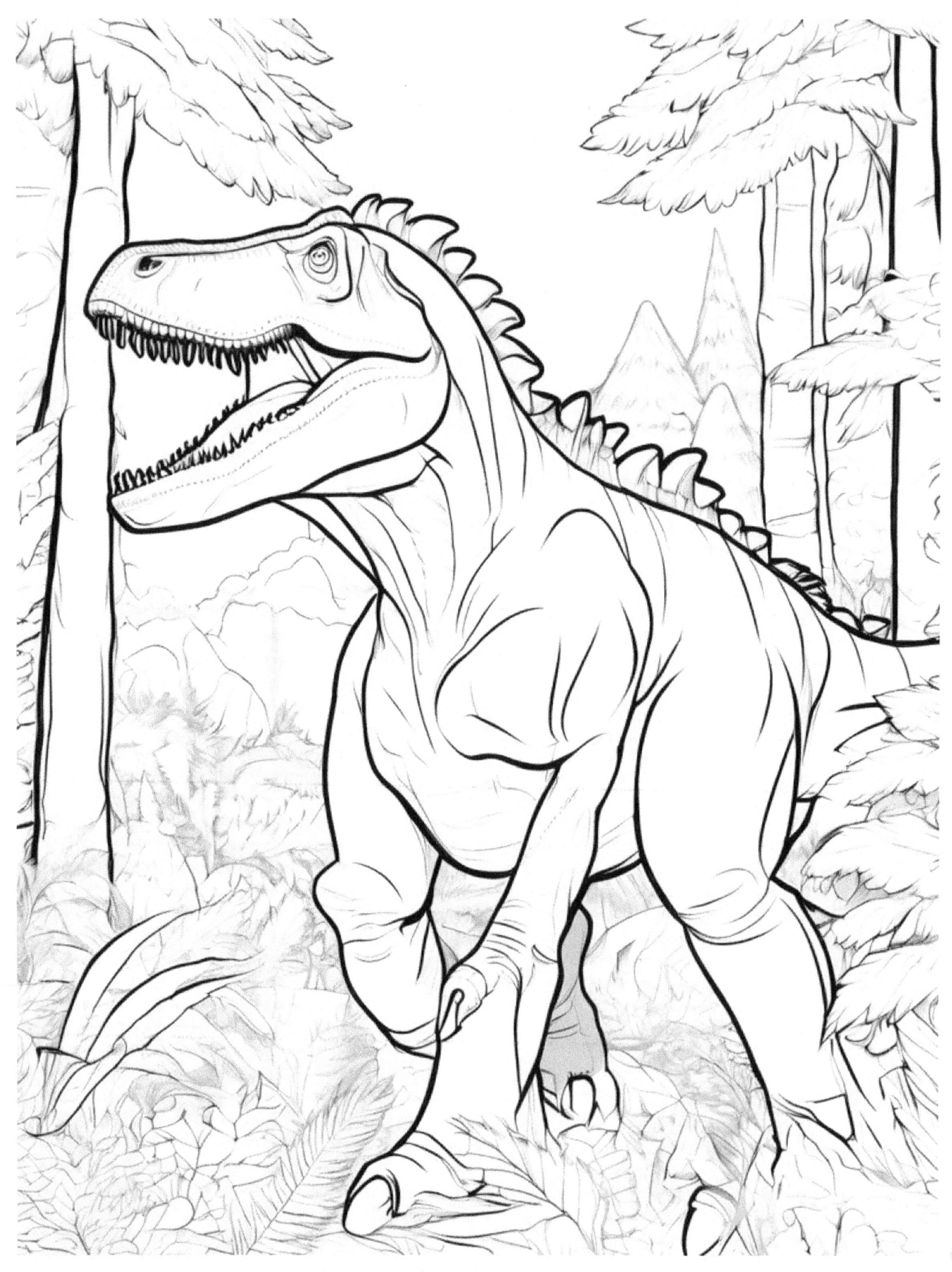

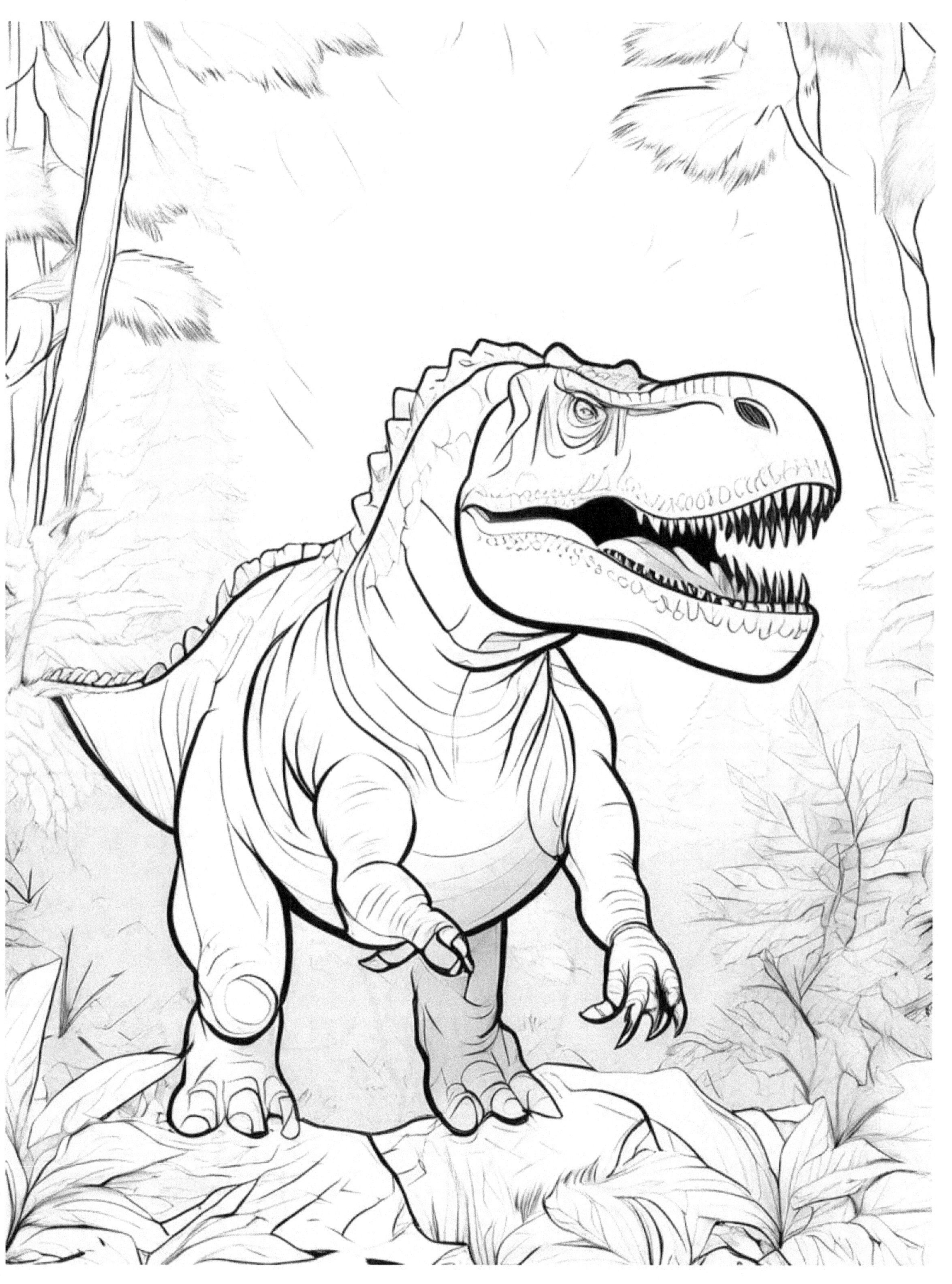

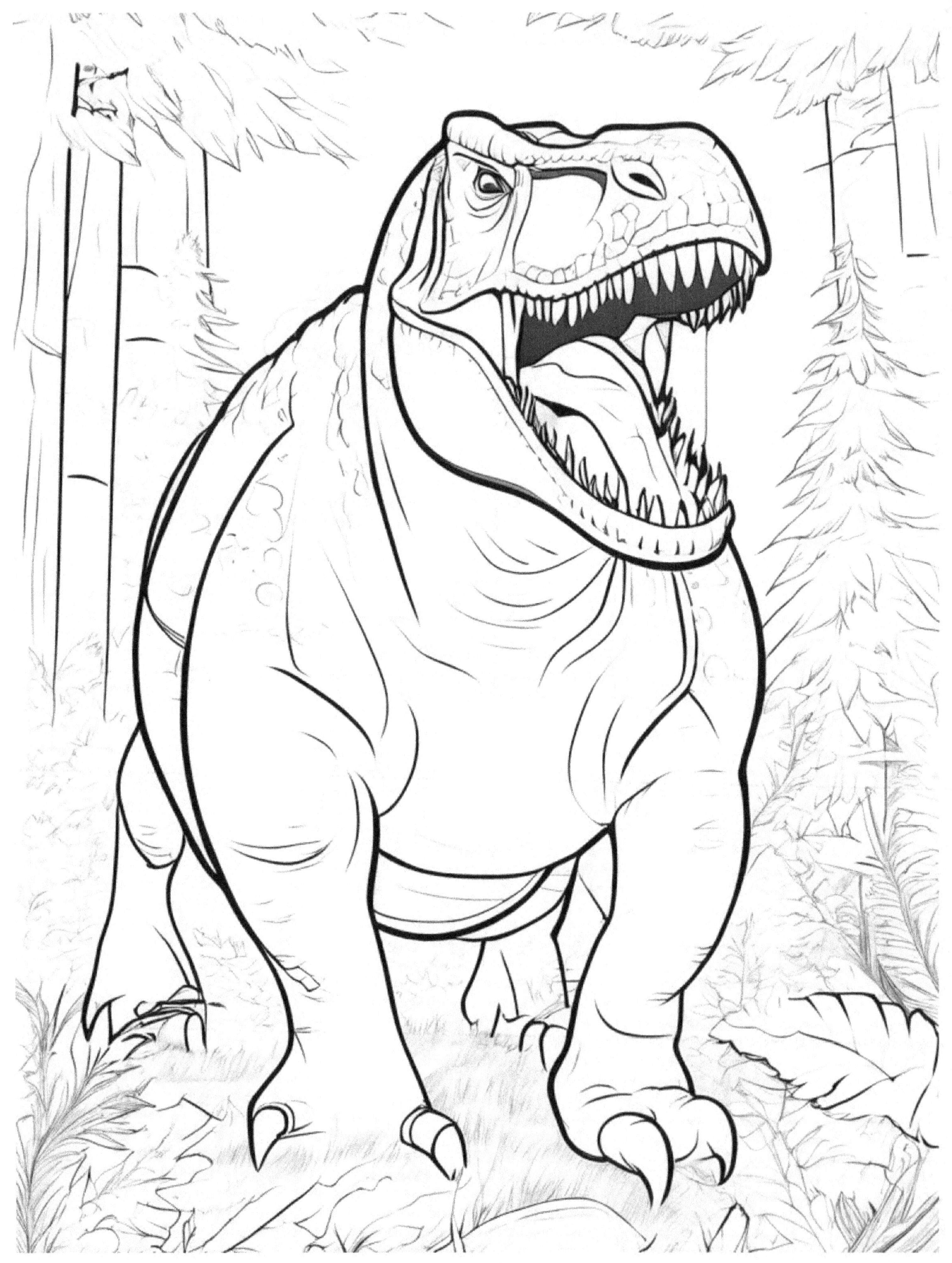

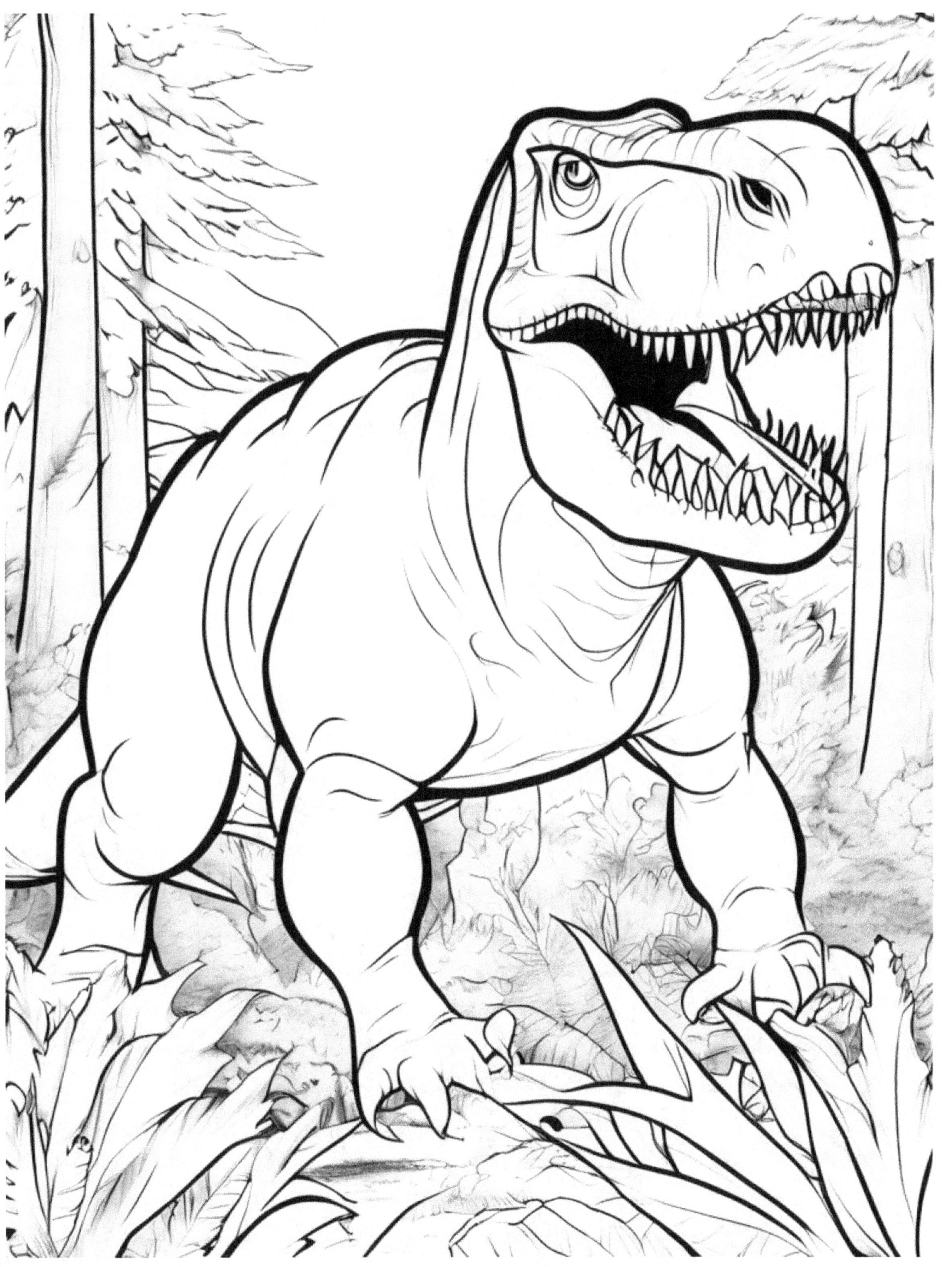

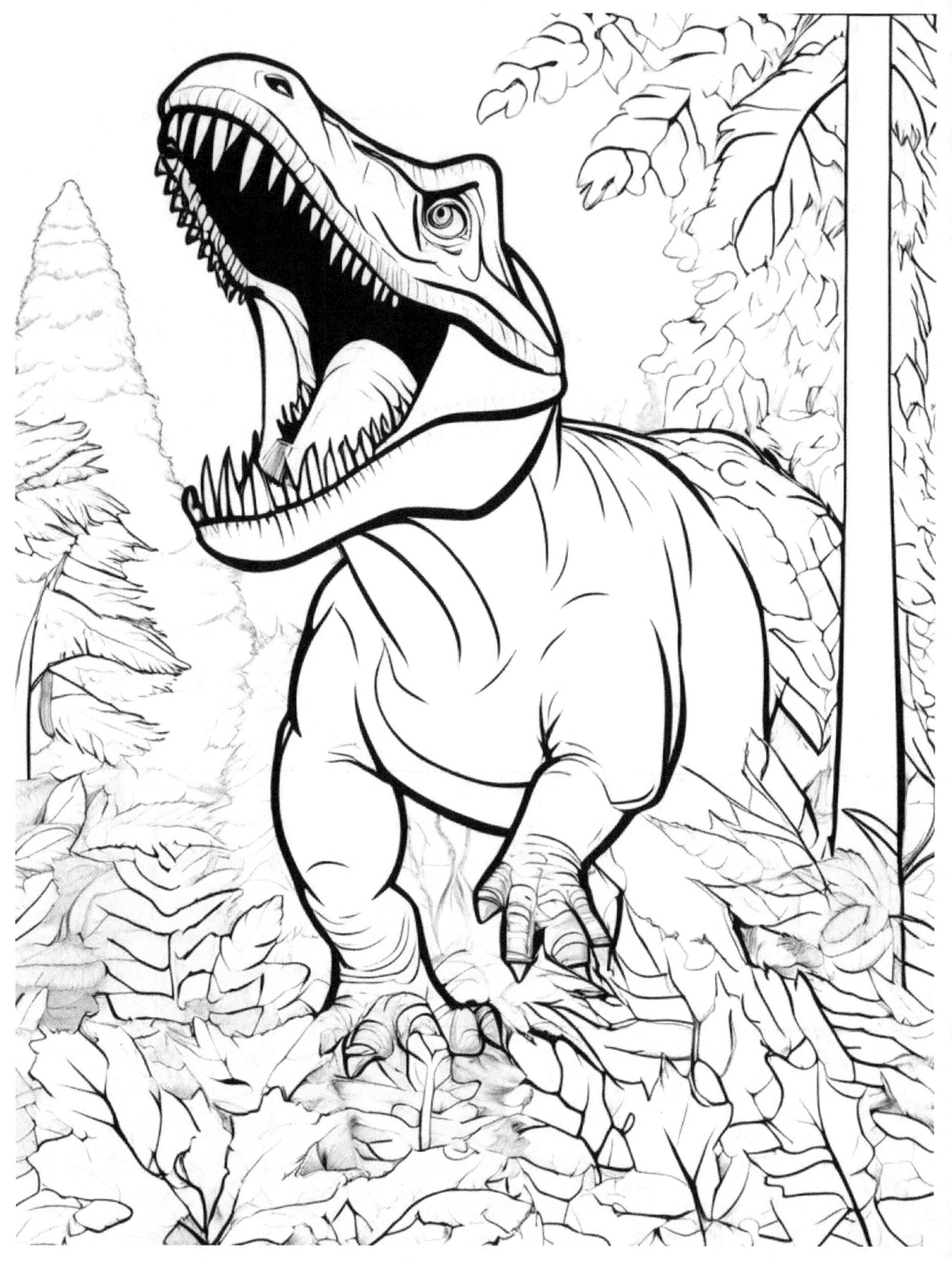

# Tricerátops

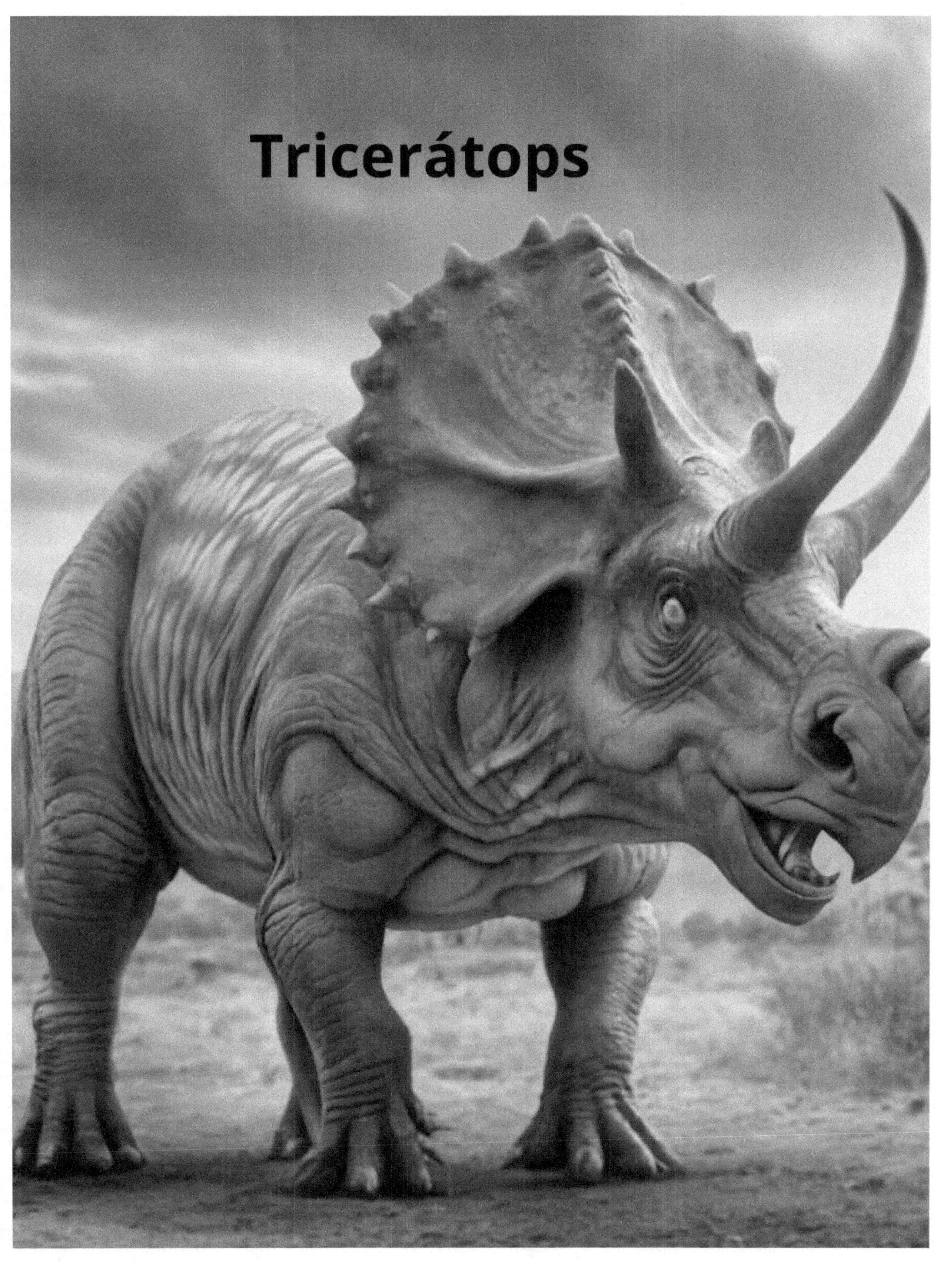

# "Tricerátops: O Gigante de Chifres Protetores"

Em um mundo antigo repleto de dinossauros majestosos, um herbívoro imponente se destacava pelas suas características únicas: o Tricerátops. Venha conosco em uma expedição emocionante para explorar a vida desse gigante de chifres protetores!

**A Majestade do Tricerátops:** O Tricerátops era um dos herbívoros mais imponentes da sua época. Seu nome significa "rosto com três chifres", e sua distintiva crista craniana e chifres o tornavam inconfundível. Com um corpo robusto e pernas poderosas, esse dinossauro herbívoro era verdadeiramente magnífico.

**Hábitos Alimentares:** Ao contrário dos carnívoros ferozes, o Tricerátops era um herbívoro que se alimentava principalmente de plantas. Com um bico poderoso, ele arrancava folhas, galhos e até mesmo pequenos arbustos para se alimentar. Seus dentes especializados eram ideais para triturar a vegetação fibrosa.

**Como Viviam:** Os Tricerátops viviam em grupos sociais chamados manadas, onde podiam compartilhar informações sobre fontes de alimentos e proteção contra predadores. Sua estrutura social favorecia a sobrevivência, especialmente para os mais jovens, que podiam ser protegidos pelos adultos.

**Locais onde Viviam:** Os Tricerátops eram comuns em várias partes do mundo pré-histórico, com fósseis encontrados principalmente na América do Norte. Eles habitavam uma variedade de ambientes, desde planícies até florestas, adaptando-se a diferentes paisagens durante o período Cretáceo.

**Defesa com Chifres:** Os chifres do Tricerátops não eram apenas adornos; eram armas formidáveis na sua defesa contra predadores. Além do chifre no nariz, possuíam dois chifres acima dos olhos, criando uma impressionante proteção contra ataques. Esses chifres também eram usados em rituais de disputas entre machos pela liderança na manada.

**Aventura na Manada:** Crianças, preparem-se para uma aventura fascinante na manada dos Tricerátops! Imaginem a grandiosidade desses dinossauros enquanto se moviam em grupo pela paisagem pré-histórica, protegendo uns aos outros e enfrentando os desafios da vida. Junte-se a nós nesta jornada para desvendar os mistérios e maravilhas do Tricerátops, o gigante de chifres protetores!

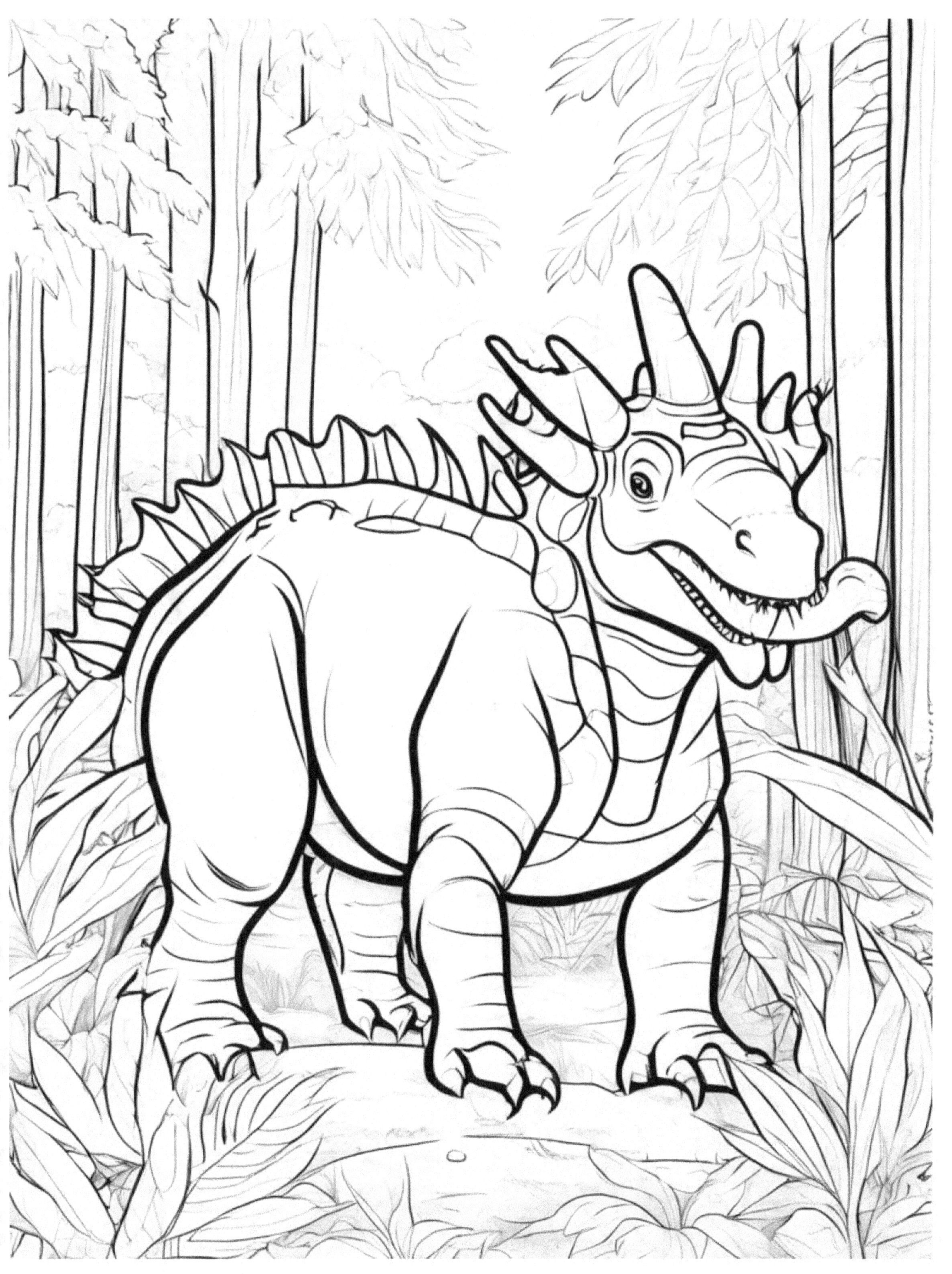

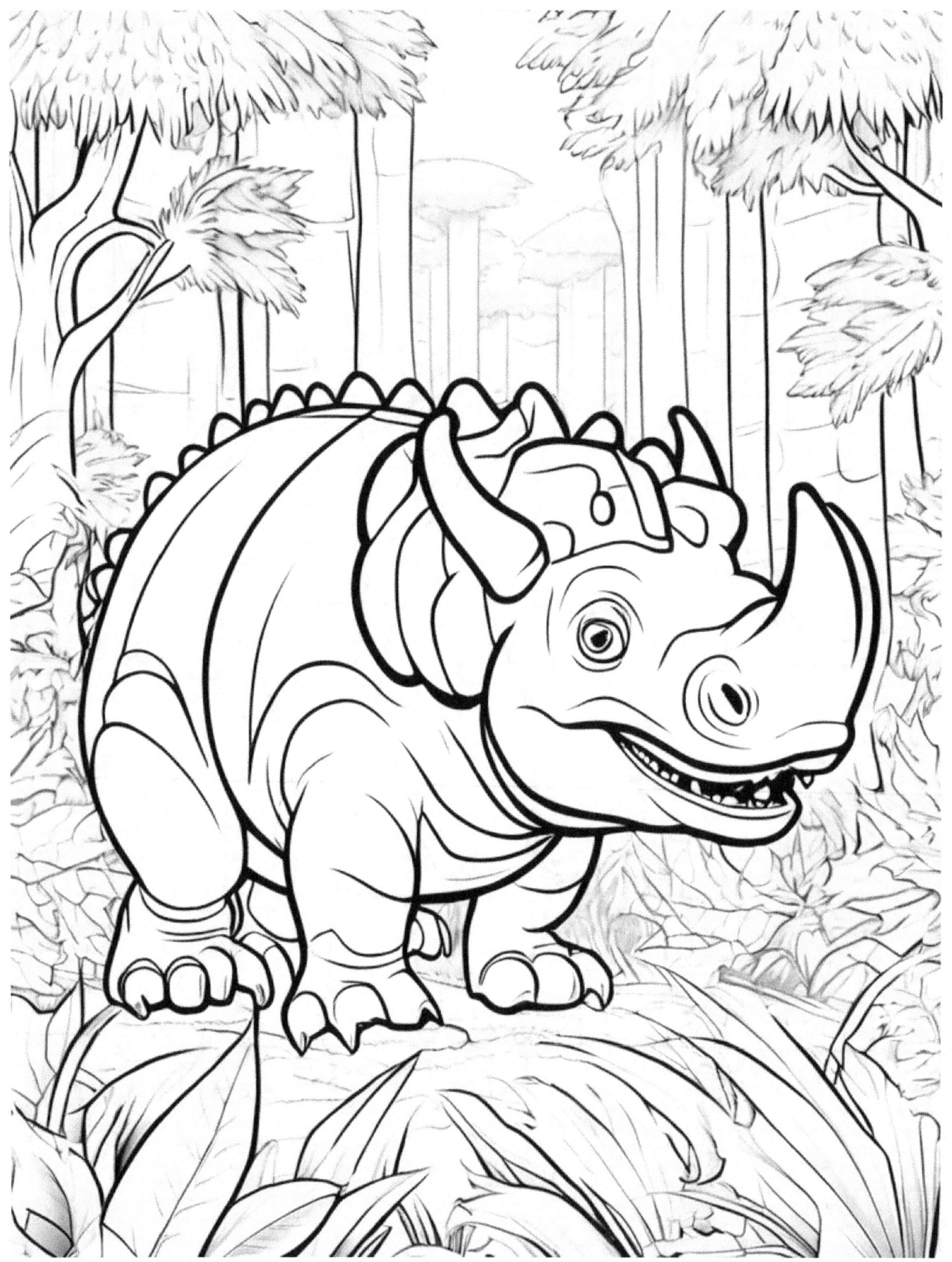

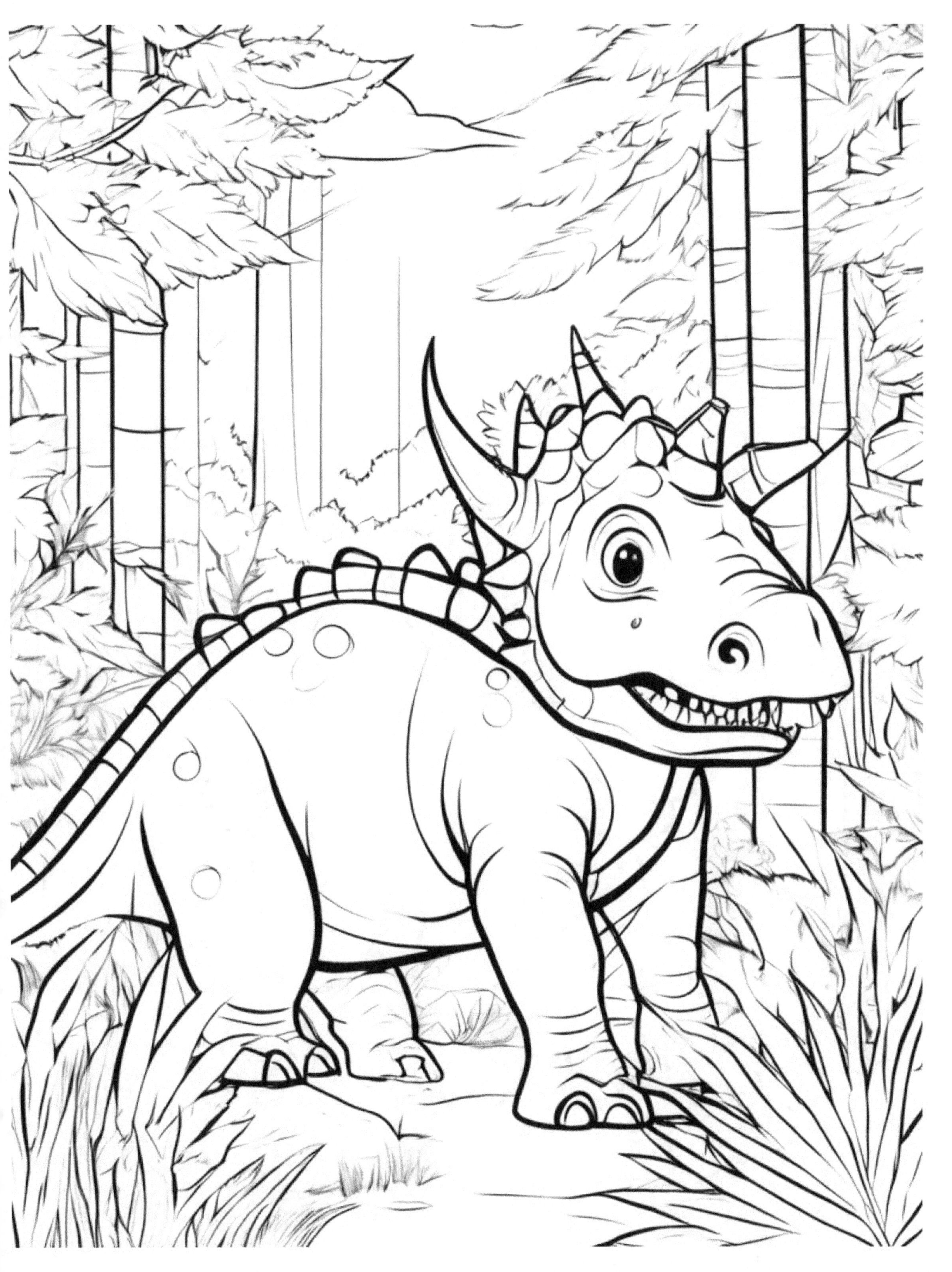

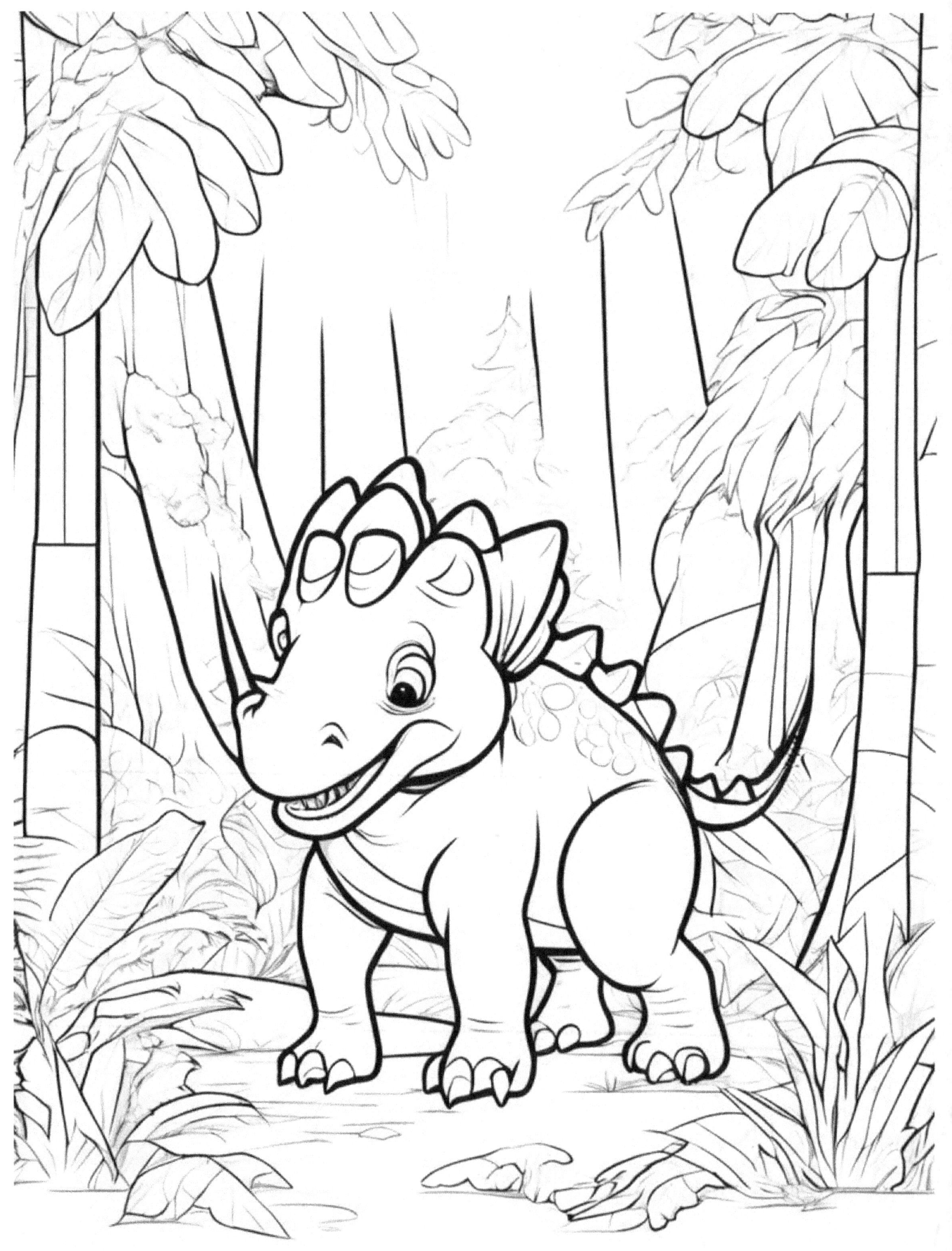

# Anquilossauro

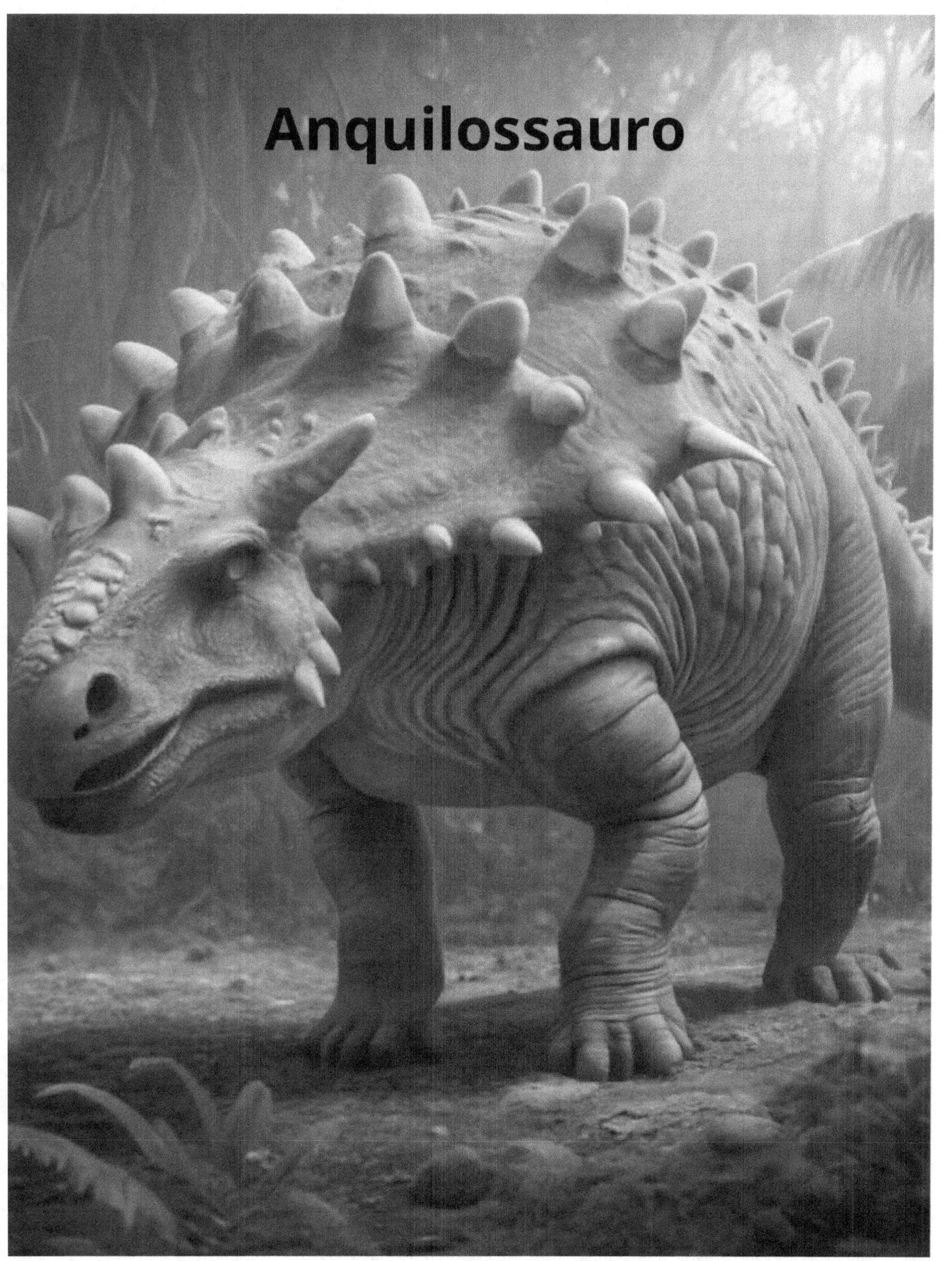

## "Anquilossauro: O Guerreiro Blindado da Era dos Dinossauros"

Em um mundo antigo, onde dinossauros governavam a Terra, um guerreiro blindado se destacava pela sua robustez e impressionante armadura natural: o Anquilossauro. Embarquemos juntos em uma jornada para descobrir os segredos deste resistente herbívoro!

**A Armadura Formidável do Anquilossauro:** Imaginem um dinossauro com uma armadura natural de placas ósseas e espinhos que se estendiam ao longo de seu corpo. O Anquilossauro era um verdadeiro guerreiro, protegido por uma couraça que o tornava praticamente invulnerável aos ataques de predadores.

**Hábitos Alimentares Herbívoros:** Ao contrário de alguns dinossauros ferozes, o Anquilossauro era um herbívoro pacífico que se alimentava principalmente de plantas baixas, como folhas, arbustos e samambaias. Sua boca larga e dentes especializados indicam uma dieta adaptada para triturar materiais vegetais.

**O Clube Poderoso na Cauda:** A característica mais distintiva do Anquilossauro era sua cauda maciça com um clube ósseo na extremidade. Este "porrete" era uma arma formidável, utilizada para se defender contra predadores. Um balanço da cauda poderia repelir até mesmo os mais corajosos atacantes.

**Vida em Comunidade:** Acredita-se que o Anquilossauro fosse um dinossauro social, vivendo em grupos para aumentar a proteção contra predadores. Esses animais formavam laços sociais, compartilhando informações sobre perigos iminentes e fontes de alimentos.

**Locais onde Viviam:** Fósseis do Anquilossauro foram encontrados em várias partes do mundo, sugerindo que esses dinossauros habitavam regiões diversificadas, desde florestas até planícies. Sua capacidade de adaptação permitia que prosperassem em diferentes ambientes durante o período Cretáceo.

**Aventuras na Era Blindada:** Crianças curiosas, fechem os olhos e imaginem-se viajando de volta no tempo para a Era dos Dinossauros. Visualizem os Anquilossauros movendo-se lentamente, com suas impressionantes armaduras refletindo a luz do sol enquanto percorrem as vastas paisagens pré-históricas.

Venham conosco nesta jornada ao passado, explorando os segredos do Anquilossauro, o guerreiro blindado que resistiu aos desafios da vida na Terra antiga. Descubram a incrível resistência e a força desse dinossauro formidável!

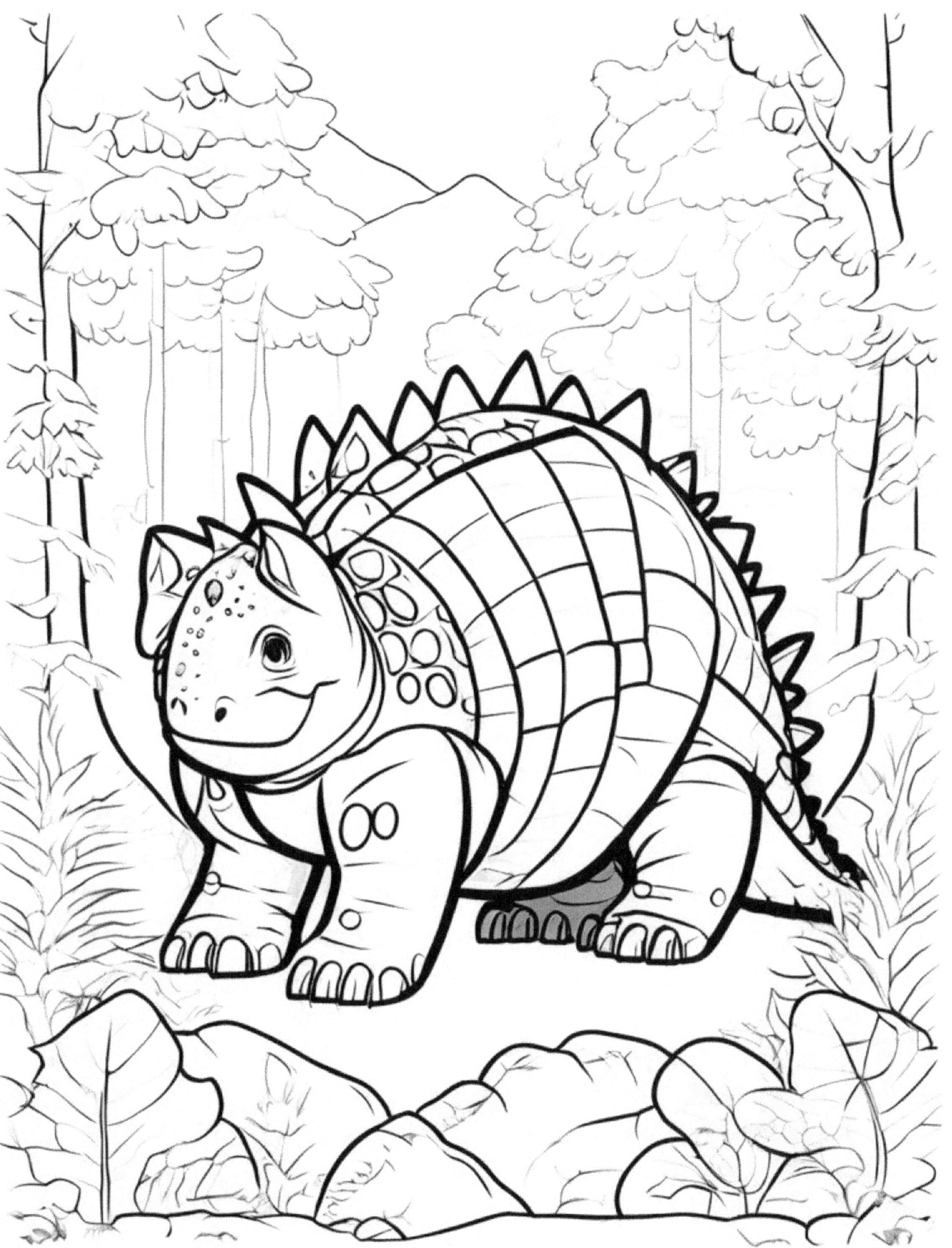

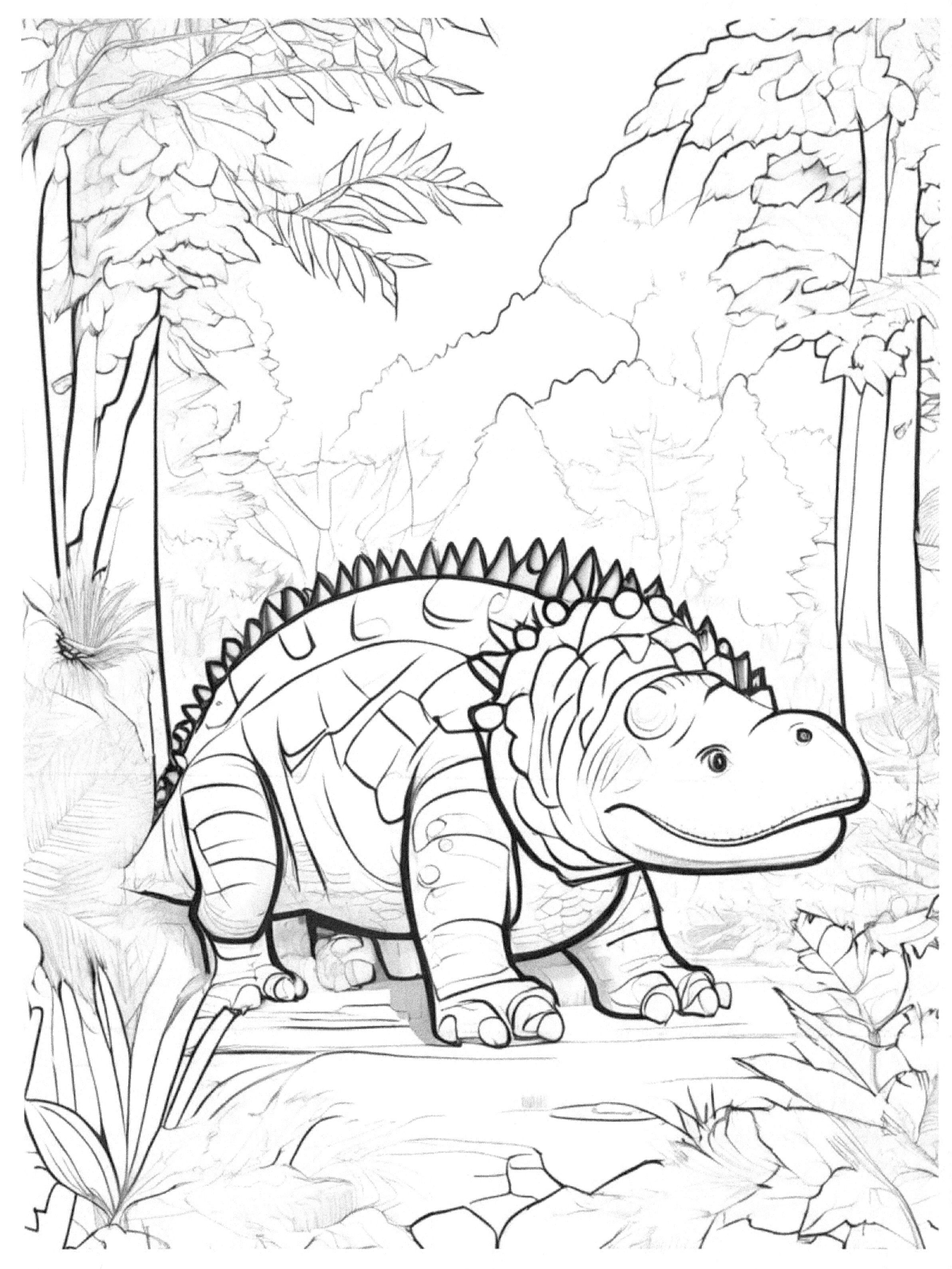

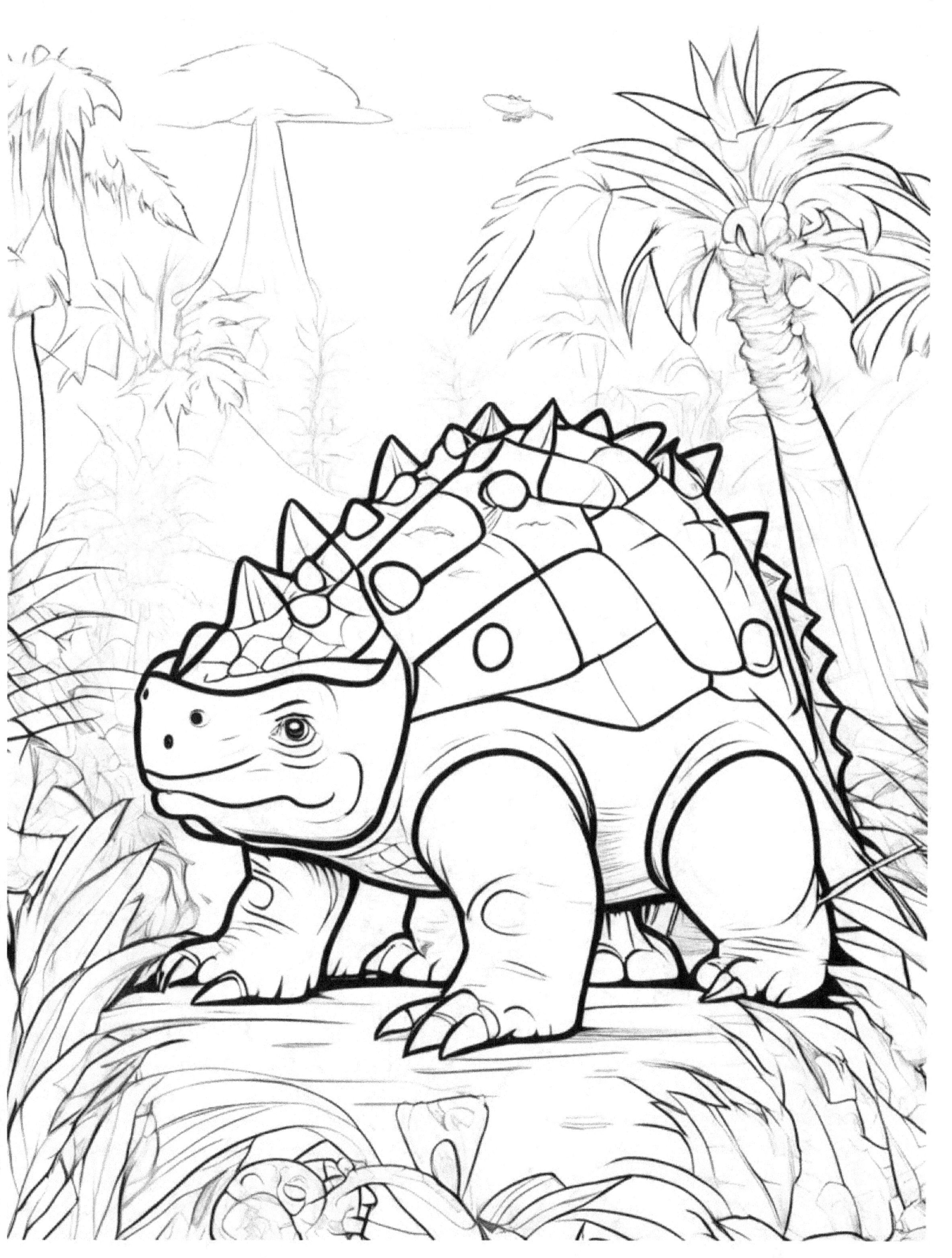

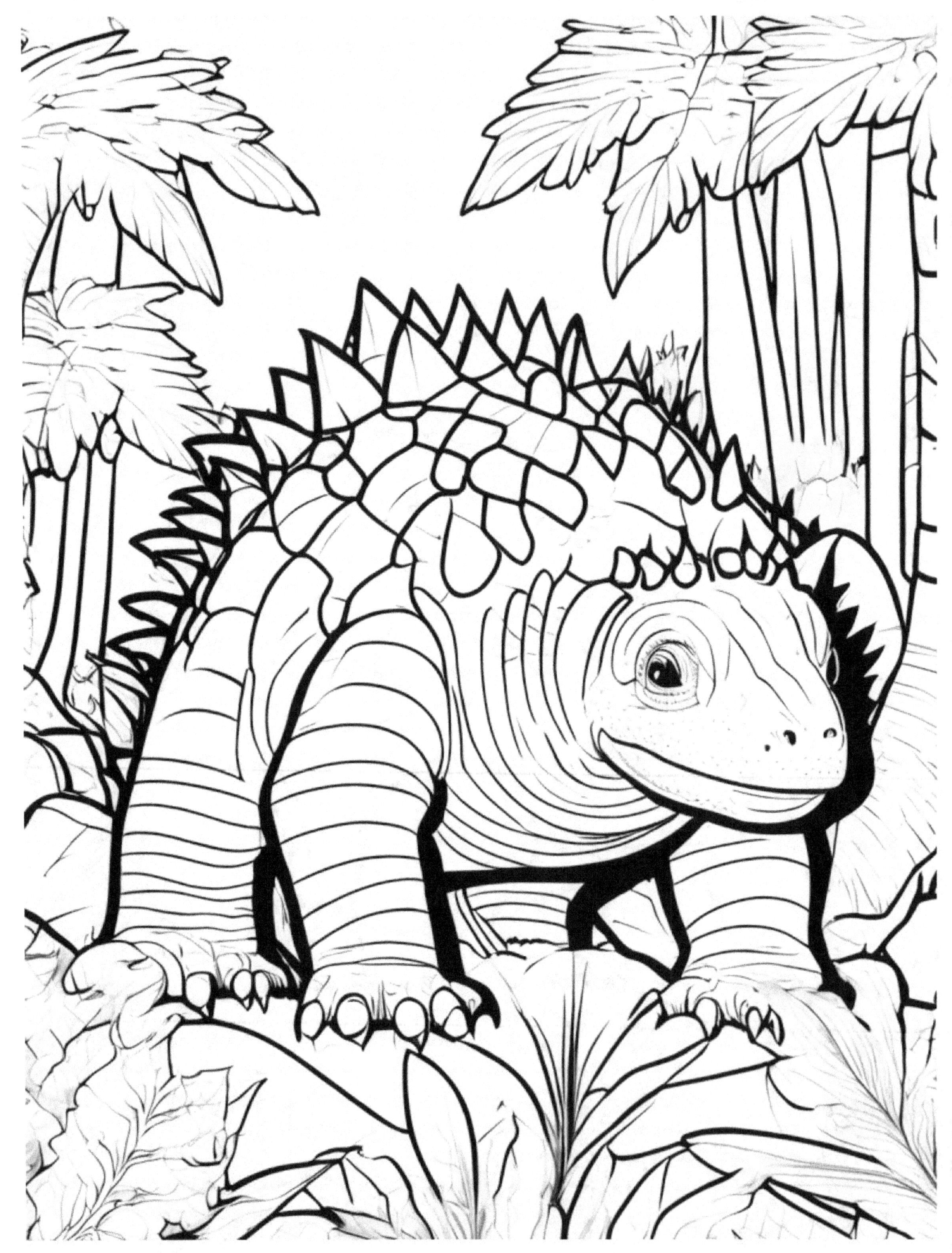

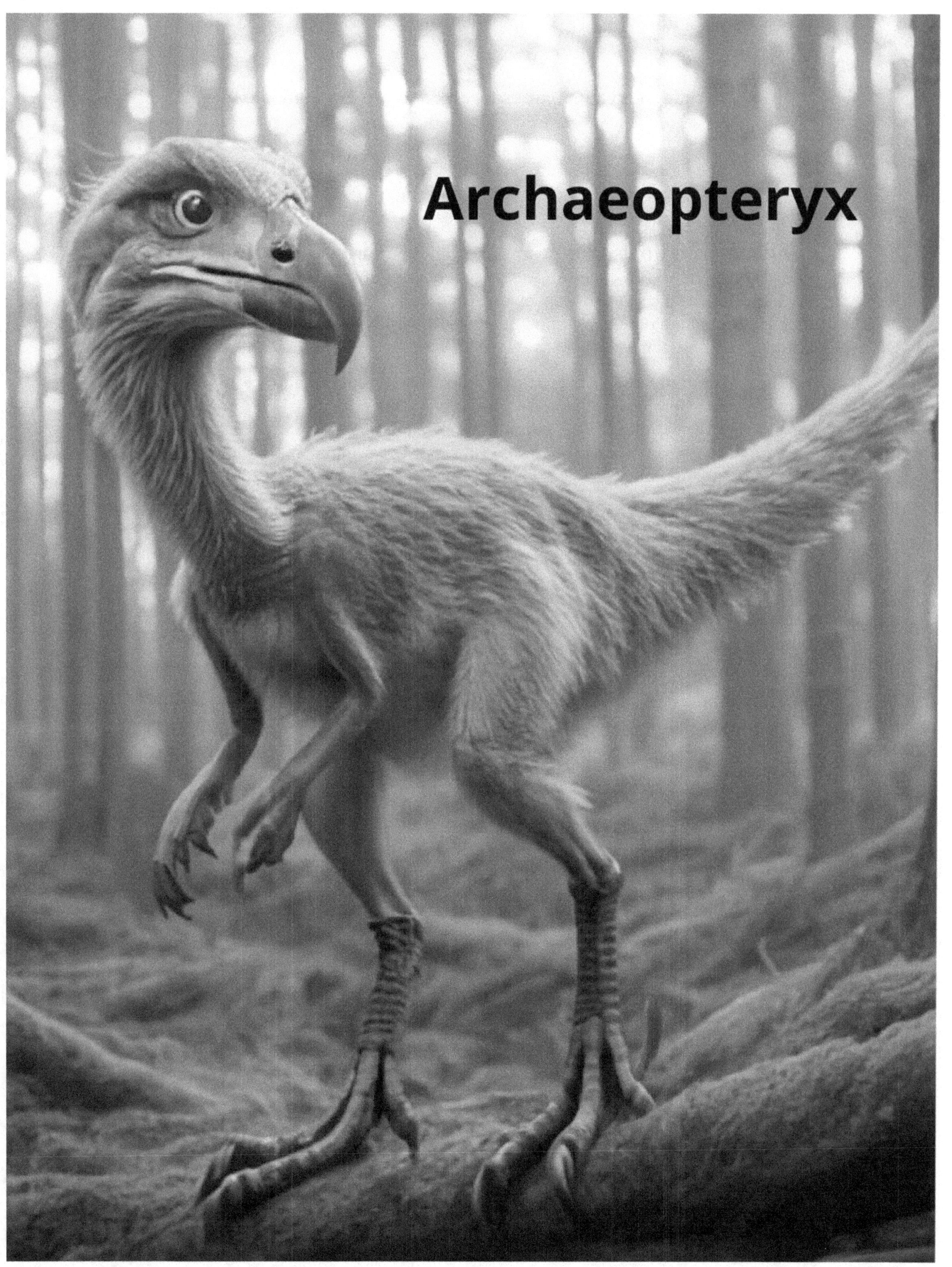
Archaeopteryx

# "Archaeopteryx: O Dinossauro Voador da Era Jurássica"

Era uma vez, em um passado distante, um dinossauro que desafiava as expectativas: o Archaeopteryx, um fascinante híbrido entre dinossauro e ave. Vamos explorar os segredos deste incrível ser que viveu na Era Jurássica!

**O Archaeopteryx nas Alturas:** Imagine um dinossauro do tamanho de uma ave comum, como um corvo. O Archaeopteryx era aproximadamente da altura de uma pessoa comum, o que o torna mais próximo de nós do que outros dinossauros gigantes. Com penas que adornavam suas asas e cauda, ele era verdadeiramente uma visão única.

**Hábitos Alimentares:** Ao contrário de alguns dinossauros ferozes, o Archaeopteryx era principalmente insetívoro, alimentando-se de pequenos insetos e invertebrados. Suas penas e asas, embora não tão eficazes para o voo quanto as aves modernas, indicam uma possível capacidade de planar de árvore em árvore em busca de comida.

**Como Vivia:** O Archaeopteryx habitava ambientes arborizados, onde suas habilidades para subir em árvores e sua adaptação para voar parcialmente o ajudavam a explorar seu território. Acredita-se que fosse um dinossauro ágil, capaz de se locomover tanto no solo quanto nas árvores.

**Locais onde Vivia:** Fósseis do Archaeopteryx foram encontrados na região que hoje é conhecida como a Alemanha. Este dinossauro voador compartilhava seu habitat com outros seres da Era Jurássica, criando um ecossistema único e diversificado.

**Aventuras nas Alturas:** Crianças curiosas, imaginem-se explorando o mundo pré-histórico ao lado do Archaeopteryx! Visualizem este dinossauro voador saltando entre galhos, capturando pequenos insetos com sua agilidade única. Juntos, vocês poderiam explorar as copas das árvores, testemunhando a beleza e a complexidade da vida jurássica.

Ao aprender sobre o Archaeopteryx, somos transportados para uma época fascinante onde dinossauros e aves começavam a coexistir. Venham se juntar a nós nesta jornada através do tempo, descobrindo os mistérios e maravilhas deste dinossauro único e suas incríveis adaptações!

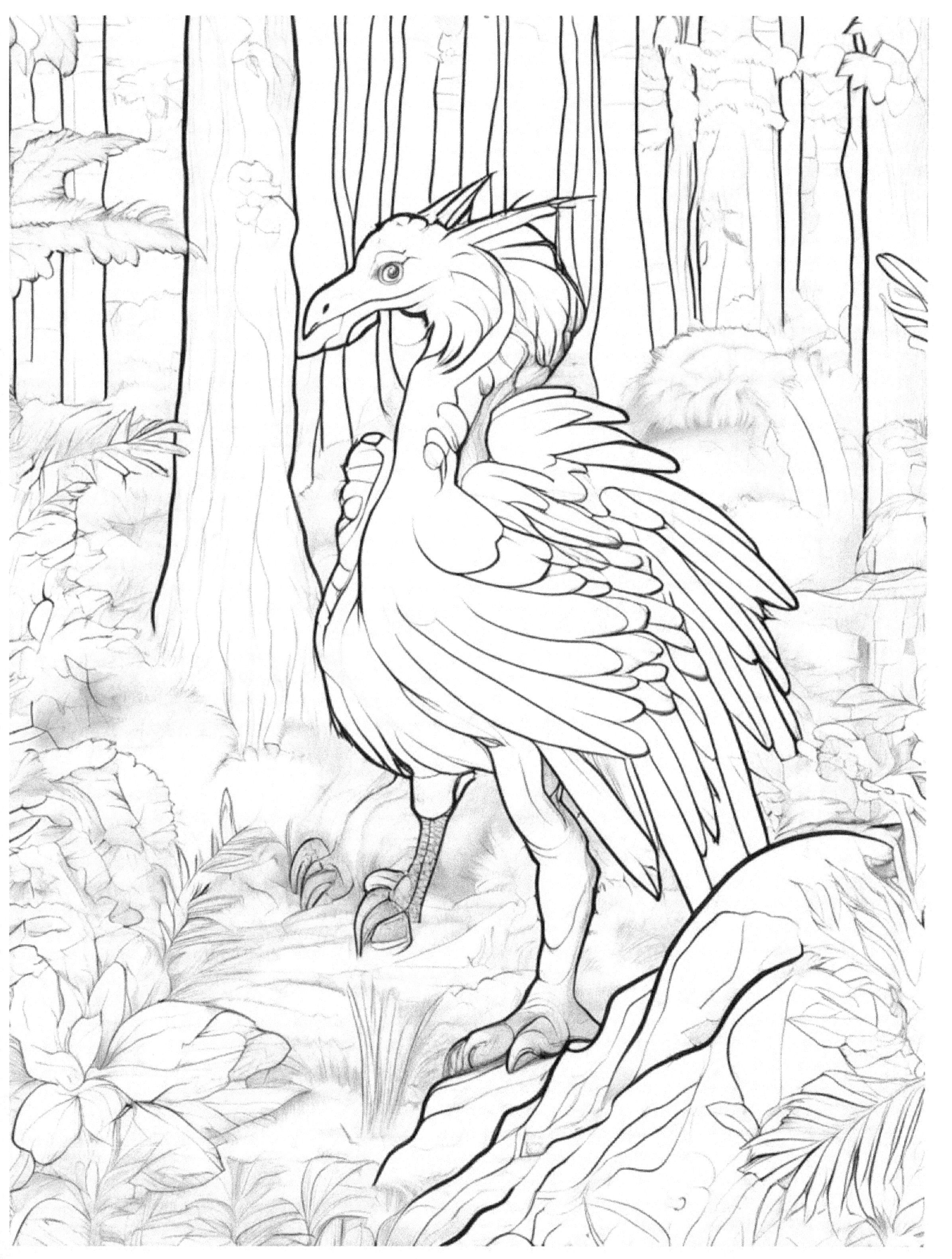

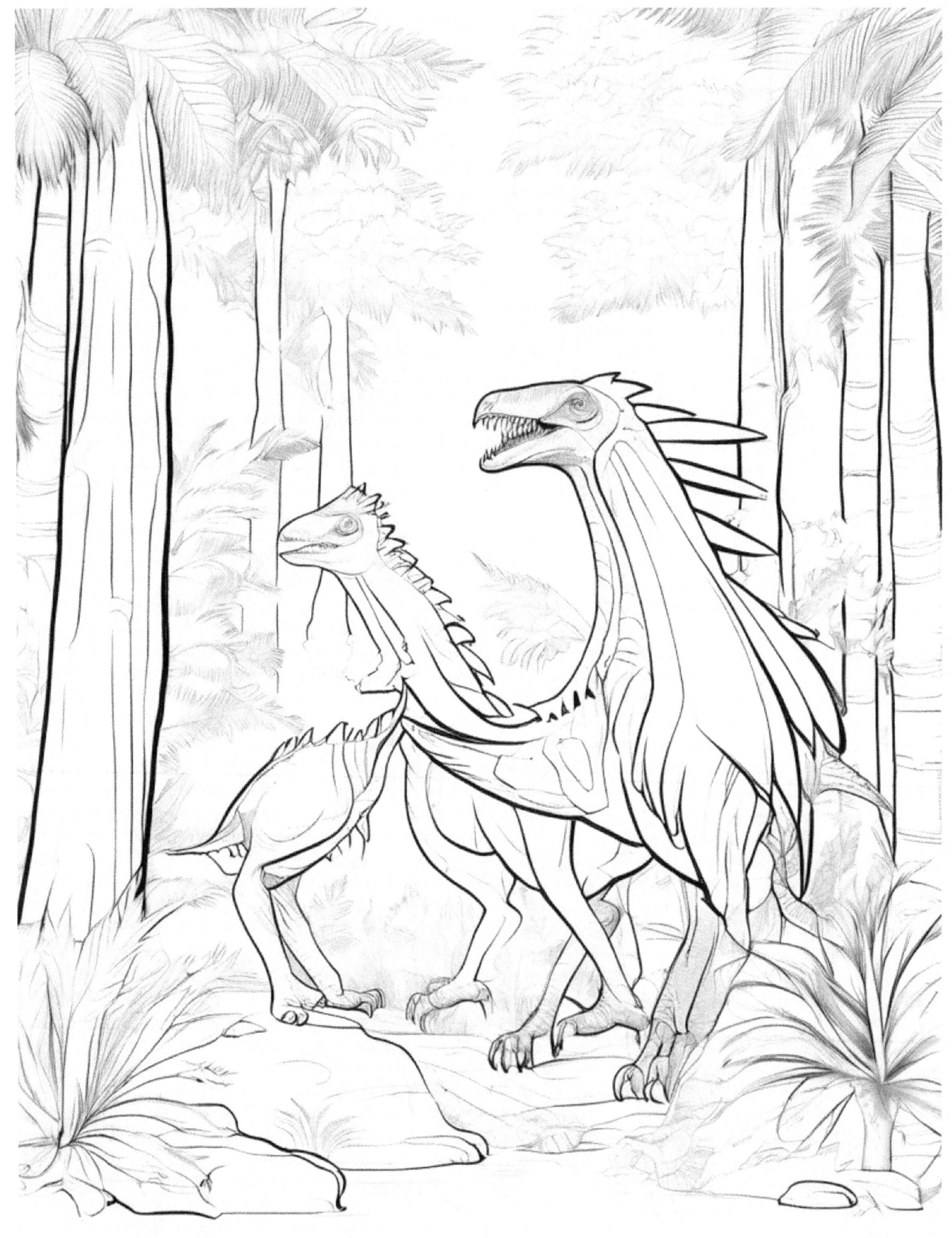

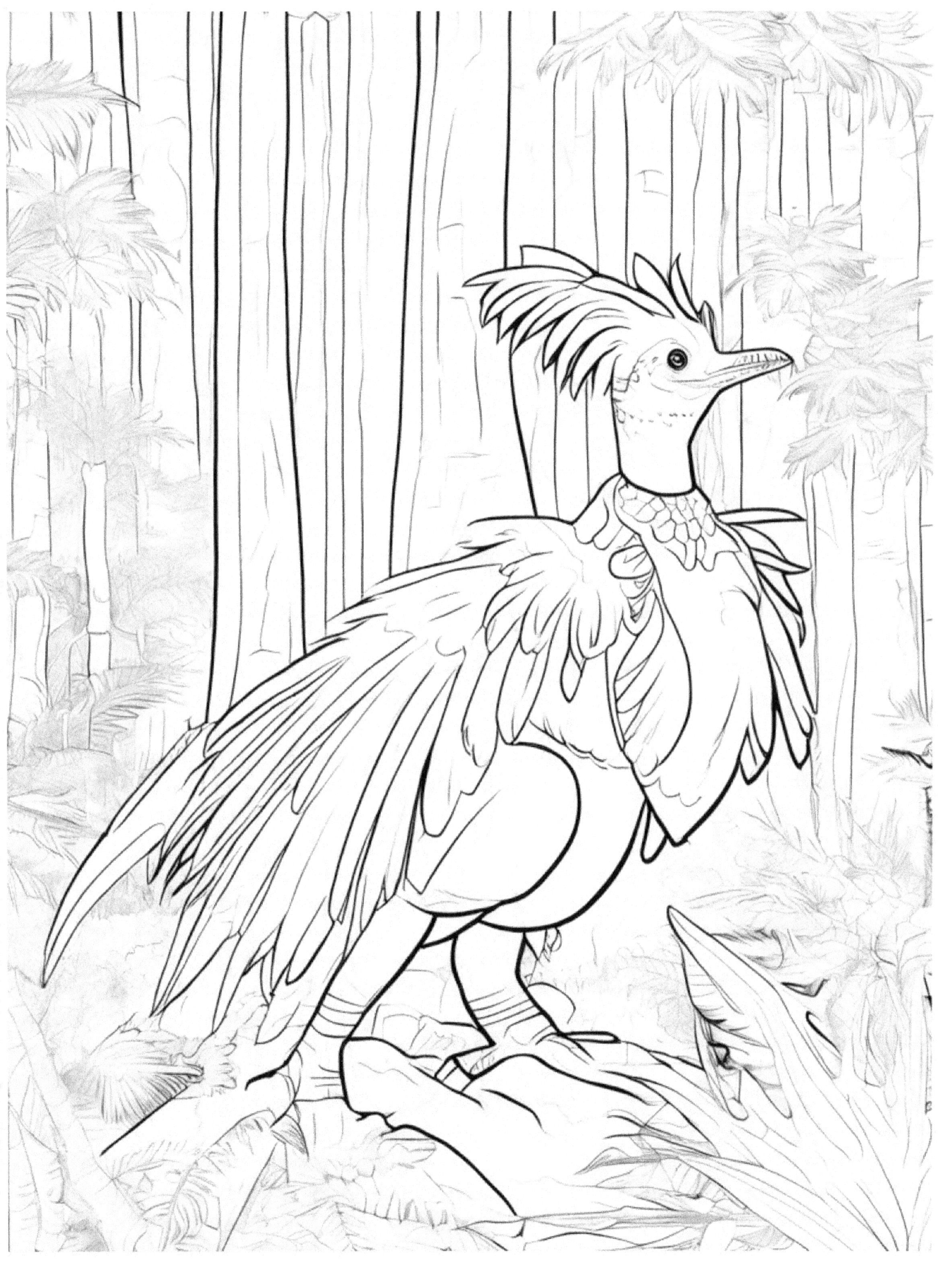

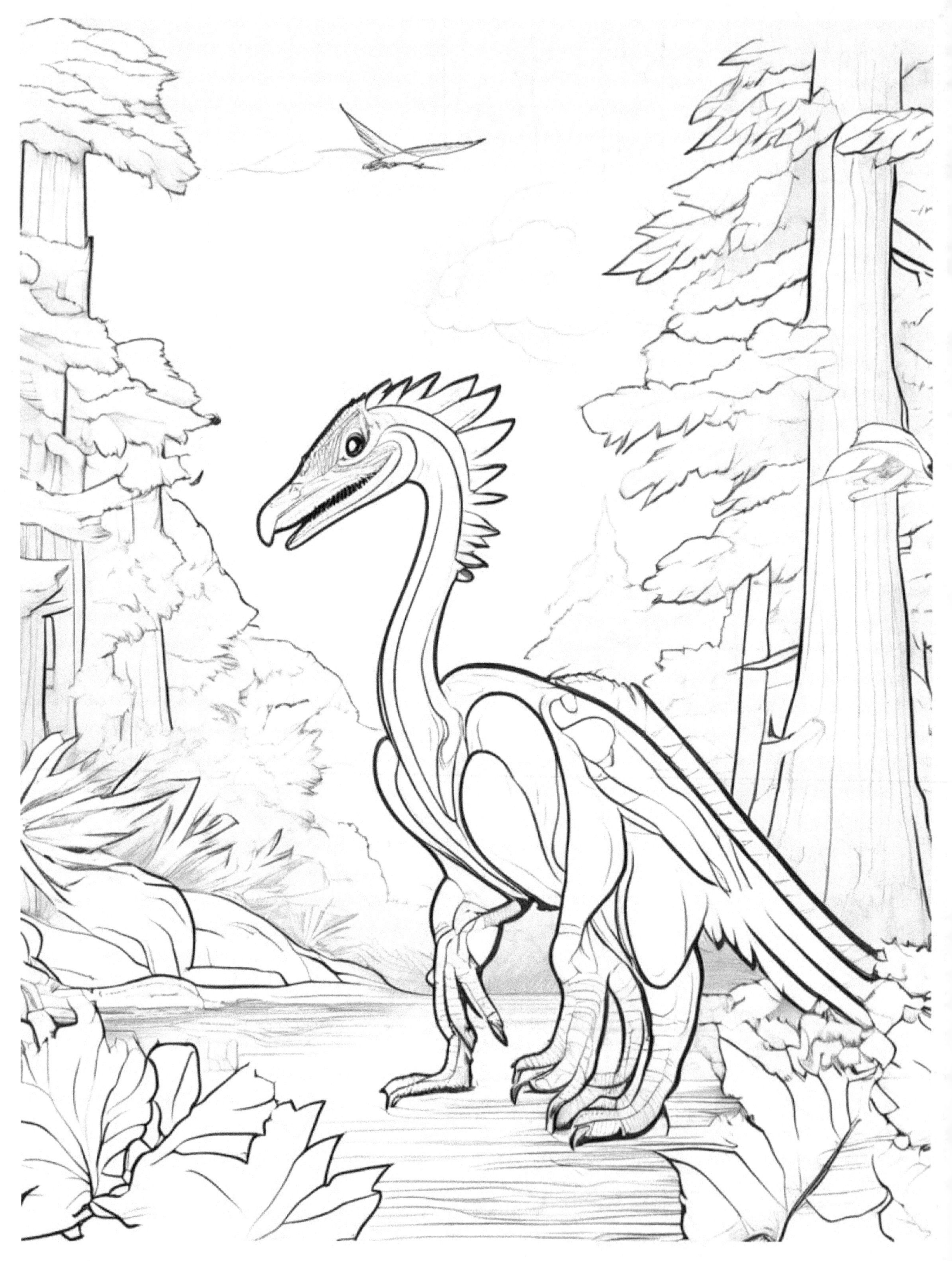

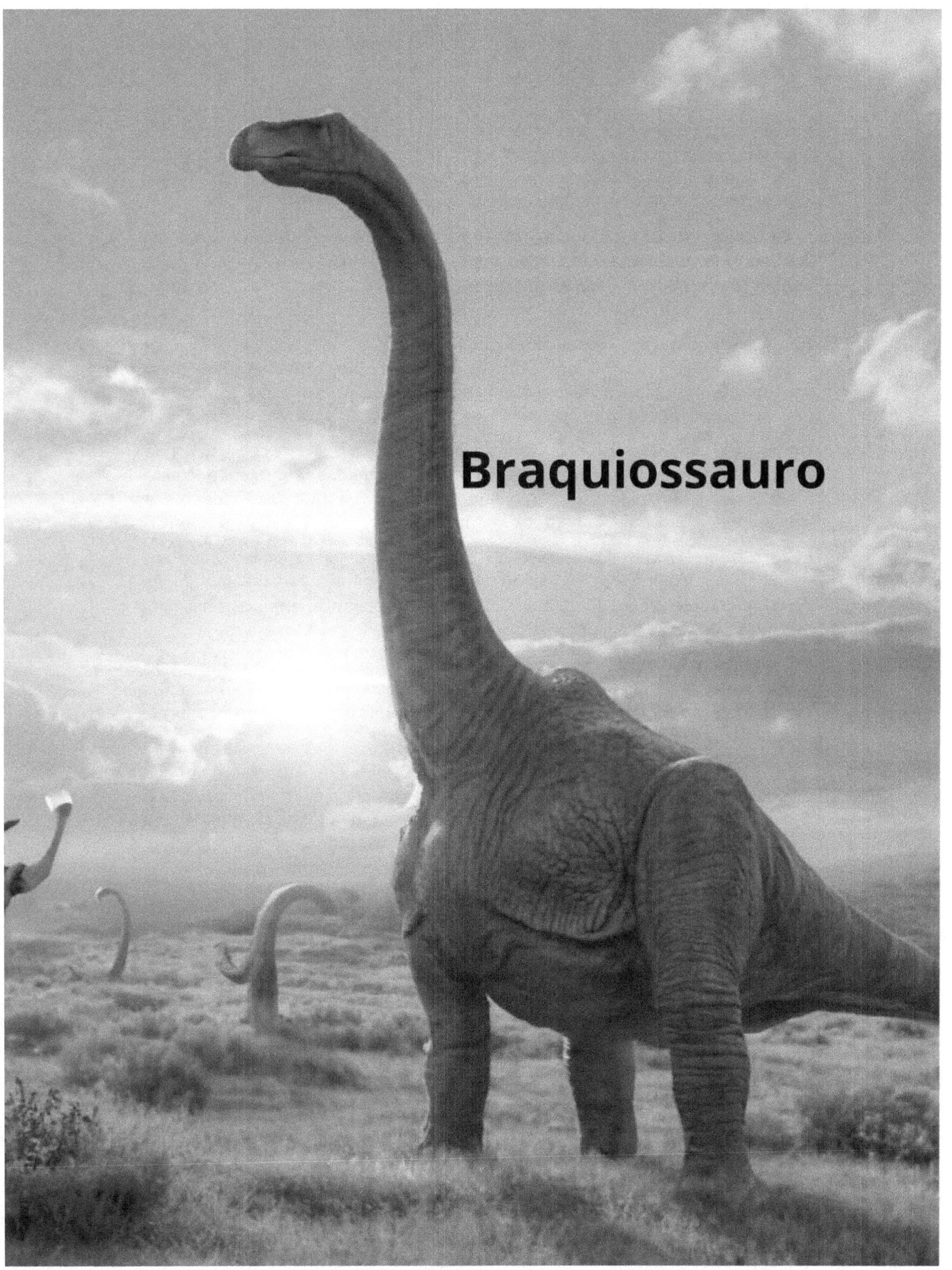

Braquiossauro

## Braquiossauro: O Gigante Amigável das Alturas"

Em um tempo onde os dinossauros reinavam e as paisagens eram dominadas por criaturas imponentes, um gigante gentil e majestoso se destacava pelas suas alturas impressionantes: o Braquiossauro. Acompanhe-nos nesta expedição pela vida serena desse herbívoro gigante!

**A Grandeza do Braquiossauro:** O Braquiossauro era verdadeiramente um colosso entre os dinossauros. Com um pescoço extraordinariamente longo e pernas robustas, esse herbívoro alcançava alturas surpreendentes, tornando-se uma das figuras mais icônicas da era dos dinossauros.

**Hábitos Alimentares:** Apesar do seu tamanho imponente, o Braquiossauro era um pacífico herbívoro que se alimentava principalmente de plantas. Seu longo pescoço permitia que alcançasse folhas em copas de árvores altas, tornando-o um especialista em se alimentar das partes mais altas das plantas.

**Como Viviam:** Os Braquiossauros viviam em grupos sociais, onde compartilhavam informações sobre fontes de alimentos e proteção contra predadores. Esses dinossauros gigantes possuíam uma natureza calma, e a vida em manada contribuía para a segurança, especialmente dos mais jovens.

**Locais onde Viviam:** Os fósseis do Braquiossauro foram encontrados em várias partes do mundo, sugerindo que esses gigantes habitavam regiões distintas durante o período Jurássico. Florestas e planícies eram os principais ambientes desses dinossauros de pescoço longo.

**Um Mundo nas Alturas:** Imagine-se caminhando por paisagens antigas, onde o horizonte era adornado pelos imensos pescoços dos Braquiossauros elevando-se acima das árvores. Esses gigantes pacíficos viviam nas alturas, criando um espetáculo verdadeiramente notável.

O tamanho exato do Braquiossauro é um tema de debate entre os paleontólogos, e a estimativa pode variar. Contudo, em média, acredita-se que o Braquiossauro poderia atingir alturas em torno de 15 a 18 metros. Se considerarmos o comprimento total, incluindo o pescoço e a cauda, alguns espécimes podem ter ultrapassado os 25 metros de comprimento.

**Aventuras no Topo das Árvores:** Crianças, preparem-se para uma aventura emocionante nas copas das árvores com os Braquiossauros! Visualizem a serenidade desses dinossauros gigantes enquanto se alimentam e compartilham a vida nas alturas. Venham conosco nesta jornada para explorar os mistérios e a grandeza do Braquiossauro, o gigante amigável das alturas!

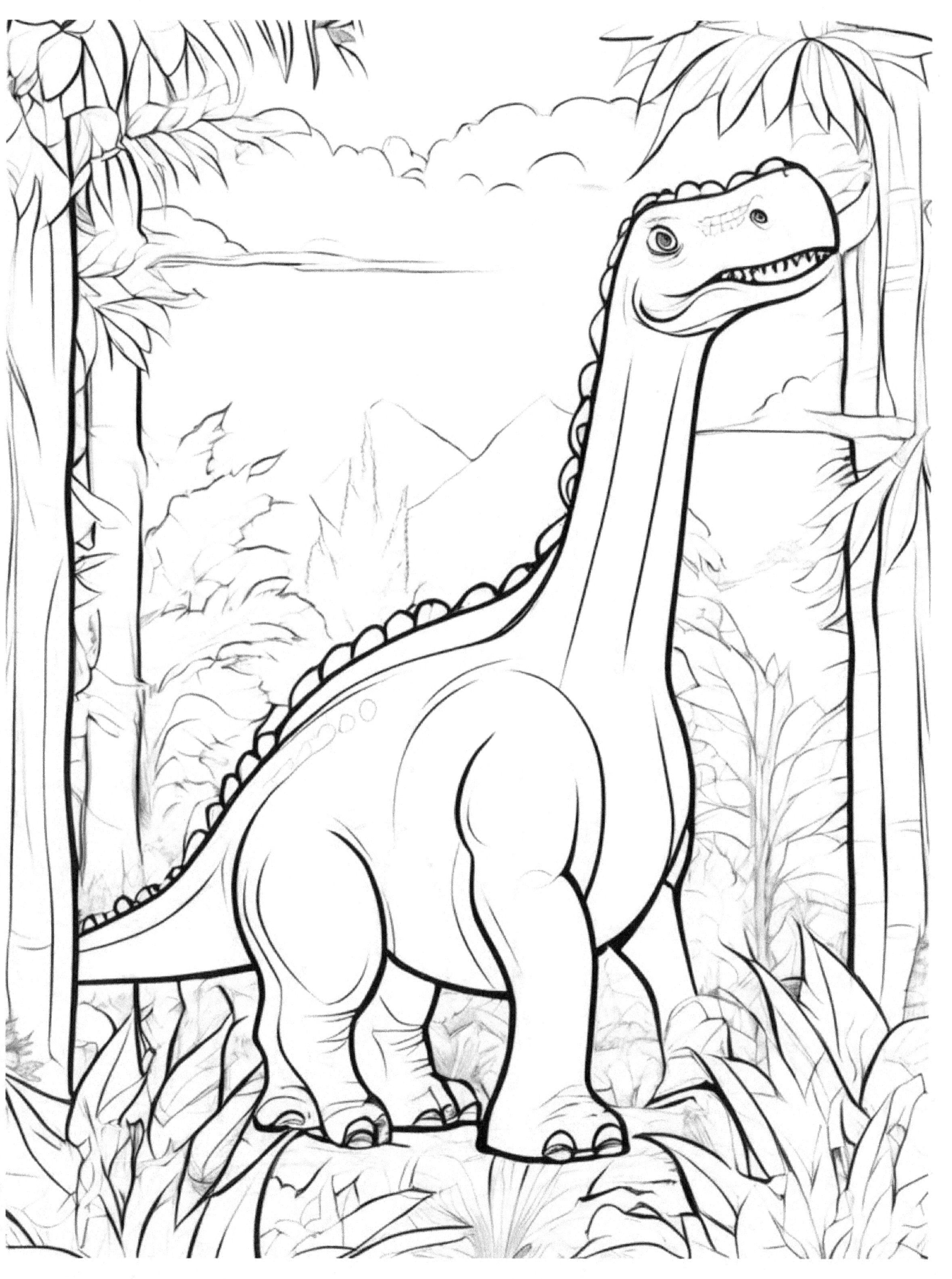

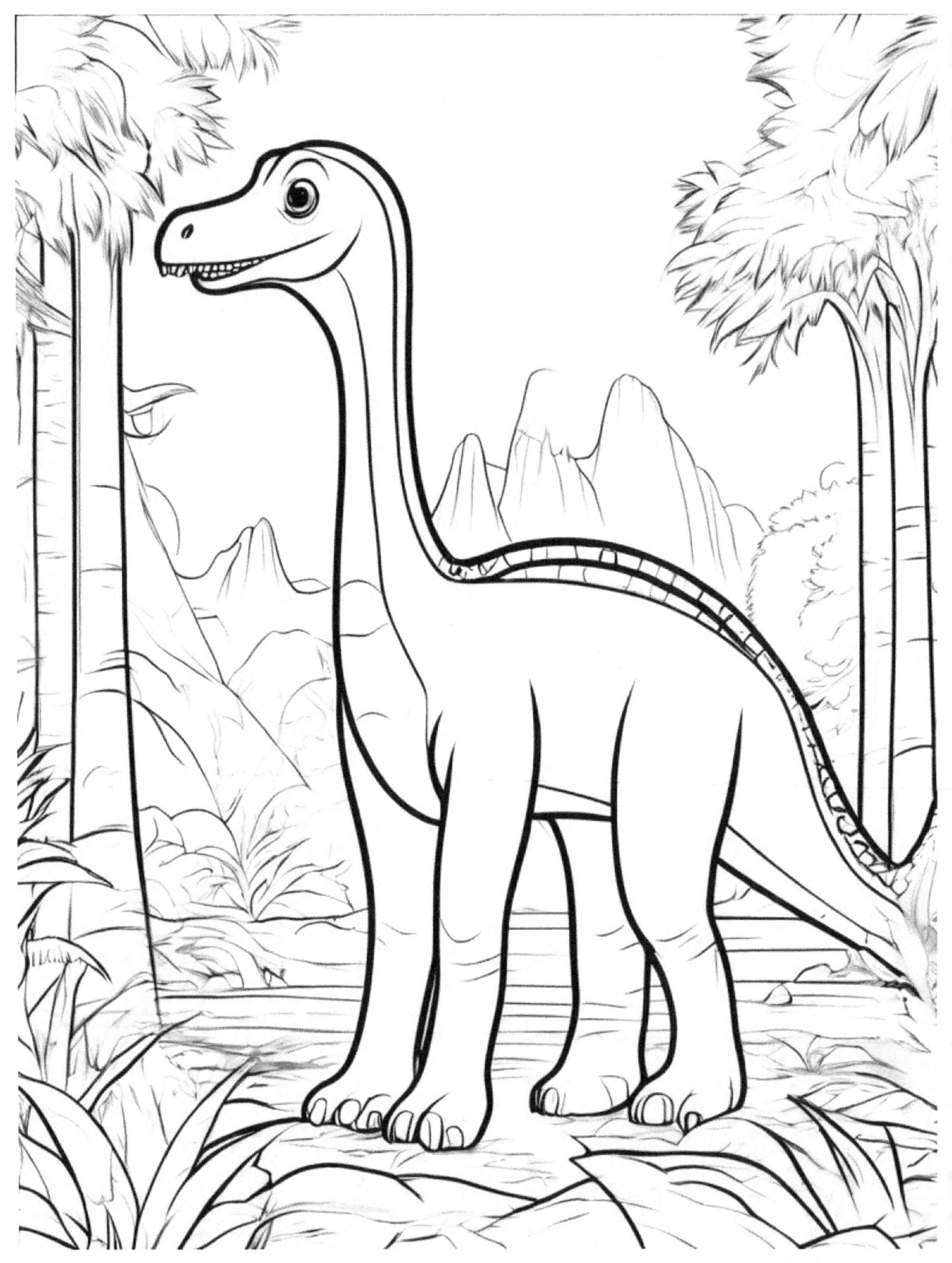

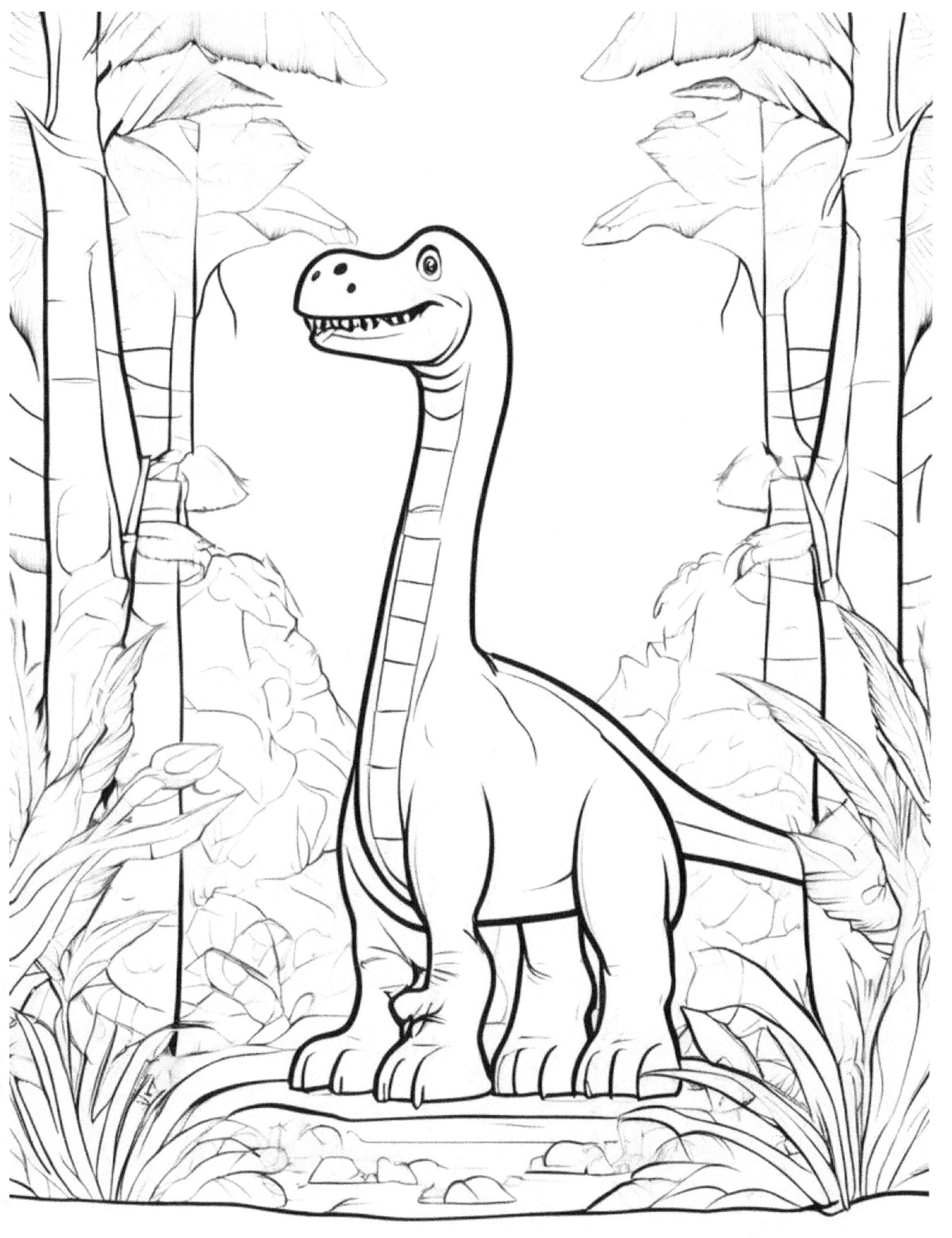

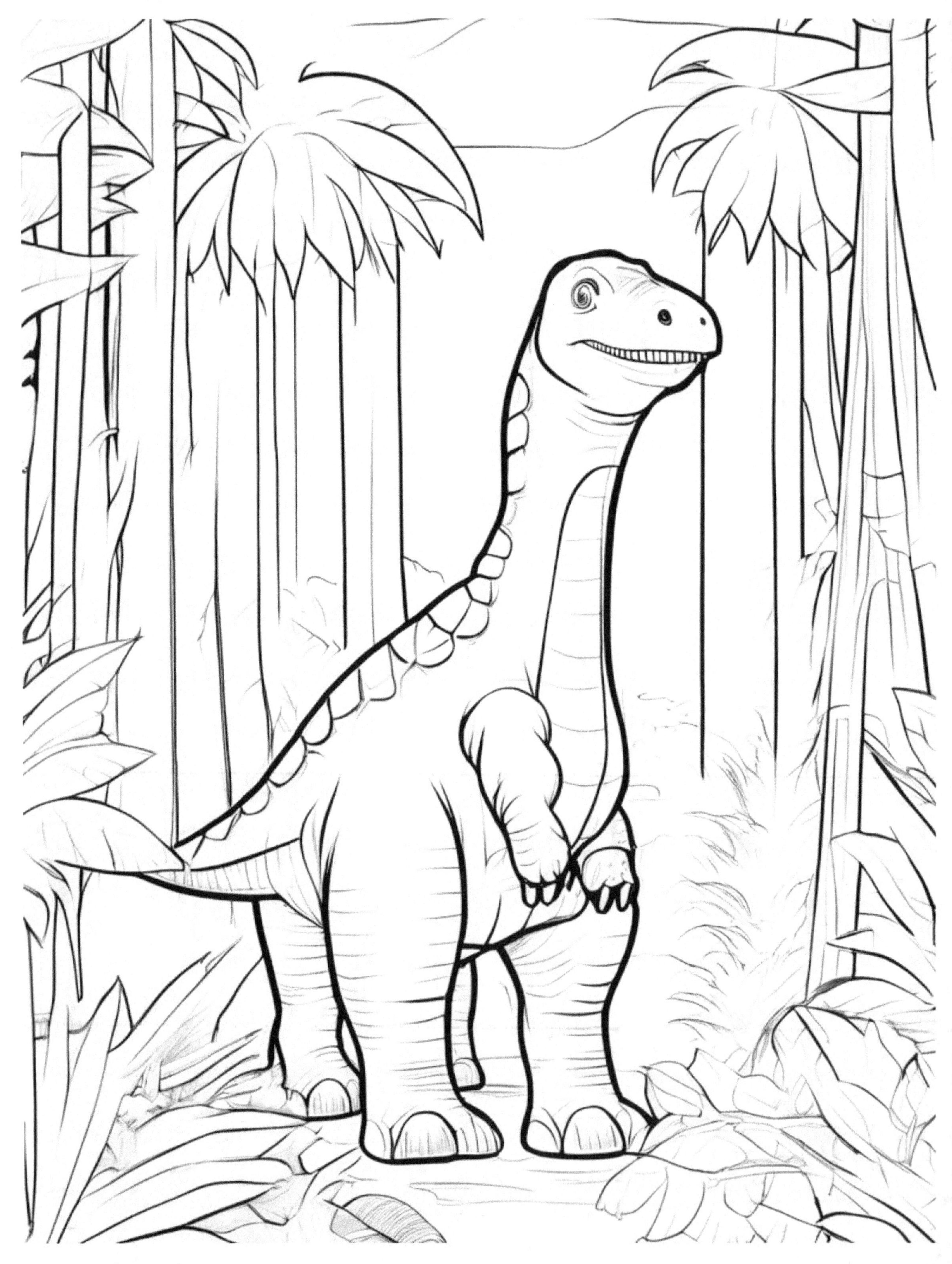

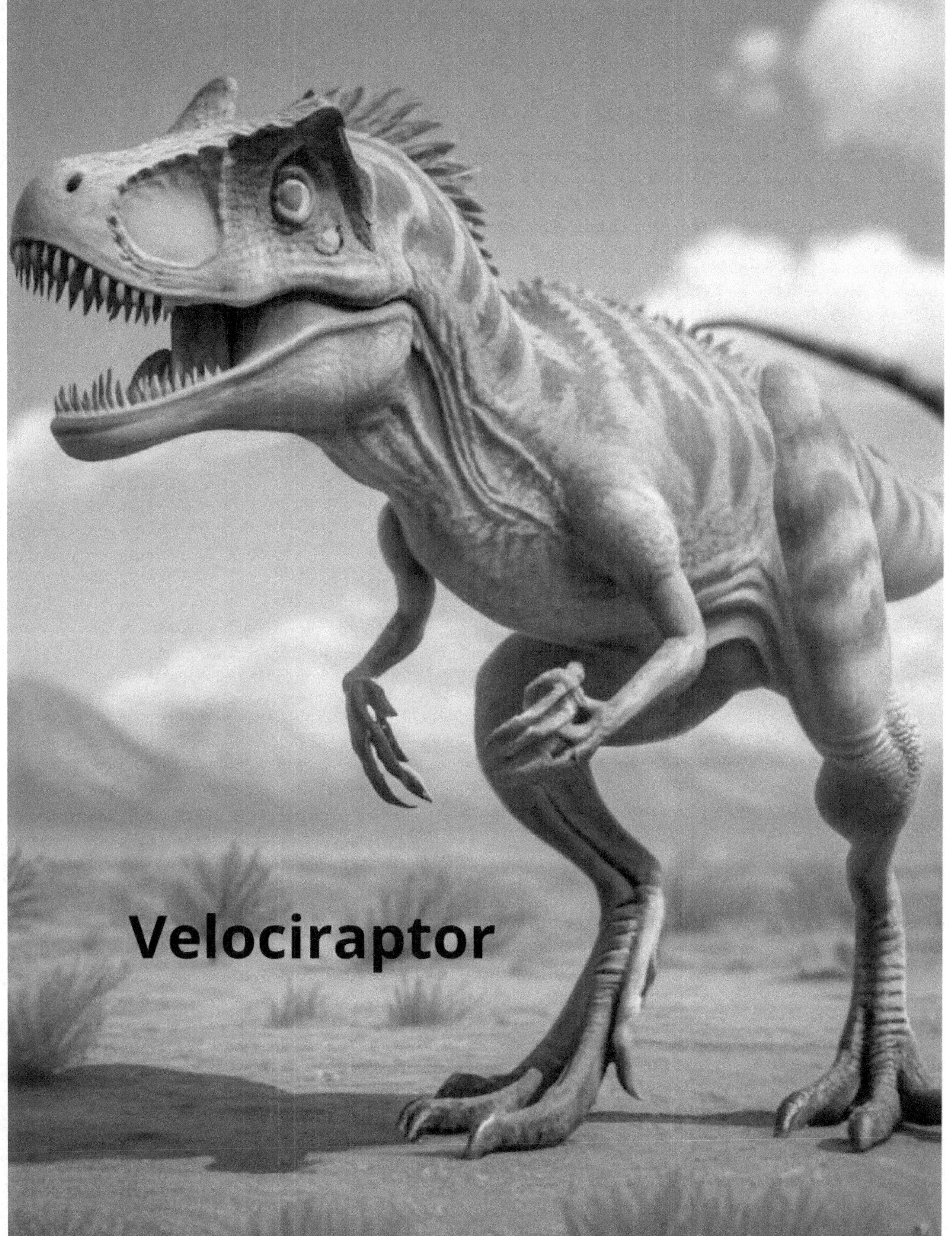
Velociraptor

# "Velociraptor: Caçadores Velozes do Passado"

Em uma época distante, quando o mundo era dominado por dinossauros, um grupo de predadores ágeis e inteligentes chamava a atenção: os Velociraptores. Acompanhe-nos em uma expedição emocionante para descobrir os segredos desses dinossauros rápidos e astutos!

**A Elegância dos Velociraptores:** Os Velociraptores eram dinossauros pequenos, mas extremamente ágeis e inteligentes. Com suas garras afiadas, pernas musculosas e penas elegantes, esses predadores exibiam uma beleza singular no mundo dos dinossauros.

**Hábitos Alimentares:** Apesar do tamanho modesto, os Velociraptores eram caçadores habilidosos. Eles caçavam em grupos, utilizando táticas coordenadas para superar presas maiores. Suas mandíbulas cheias de dentes afiados e garras curvas eram armas formidáveis, permitindo-lhes desmembrar suas presas com precisão.

**Como Viviam:** Os Velociraptores eram dinossauros sociais que viviam em grupos chamados de matilhas. Essa estrutura social proporcionava vantagens na caça e na proteção contra predadores maiores. Acredita-se que esses dinossauros tenham tido comportamento cooperativo, trabalhando juntos para garantir o sucesso de suas incursões.

**Locais onde Viviam:** Os Velociraptores eram habitantes de diversas regiões, incluindo florestas e planícies. Fósseis indicam que eles vagavam por partes da Ásia e da América do Norte, adaptando-se a diferentes ambientes durante o período Cretáceo.

**A Caça em Matilha:** Ao imaginar os Velociraptores em ação, somos transportados para paisagens antigas onde esses dinossauros inteligentes caçavam em matilhas, utilizando estratégias avançadas para superar desafios e garantir a sobrevivência do grupo.

**Aventuras Veloces:** Crianças, preparem-se para uma aventura veloz através do tempo! Vamos imaginar as emocionantes perseguições dos Velociraptores, os sons das suas chamadas comunicativas, e como esses dinossauros formavam laços sociais enquanto exploravam o mundo pré-histórico. Venham conosco nesta jornada empolgante para descobrir os mistérios dos Velociraptores, verdadeiros caçadores velozes do passado!

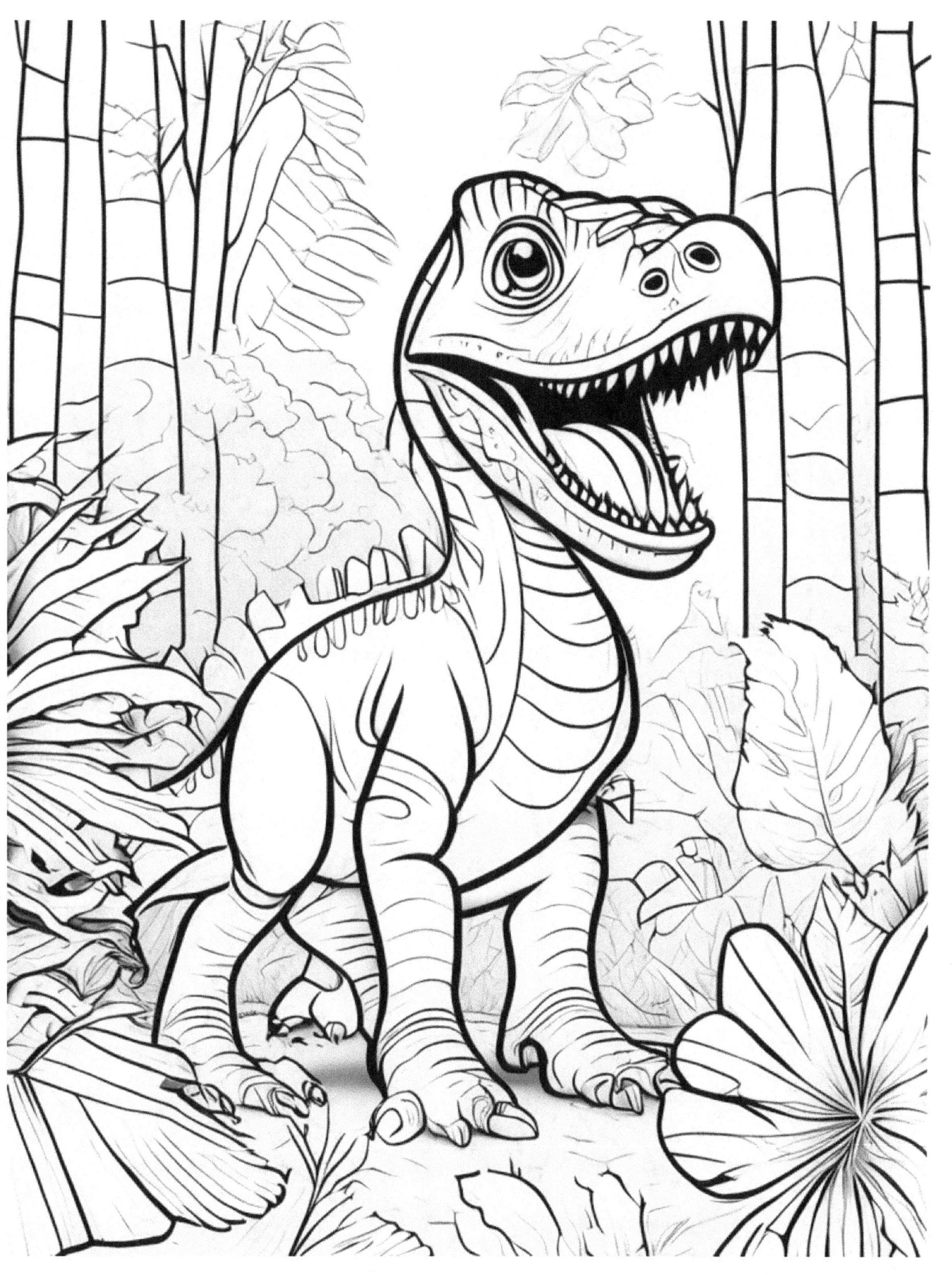

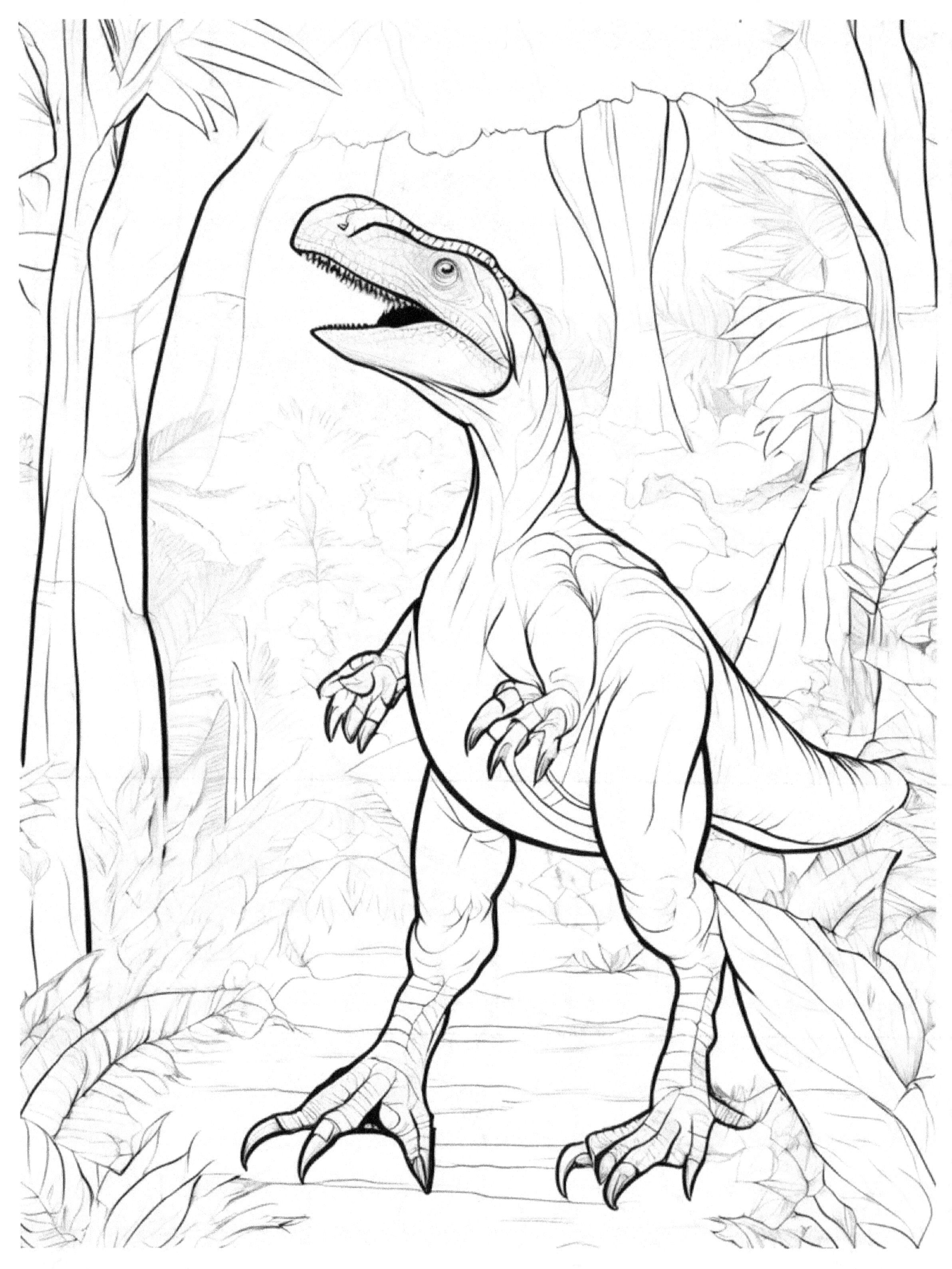

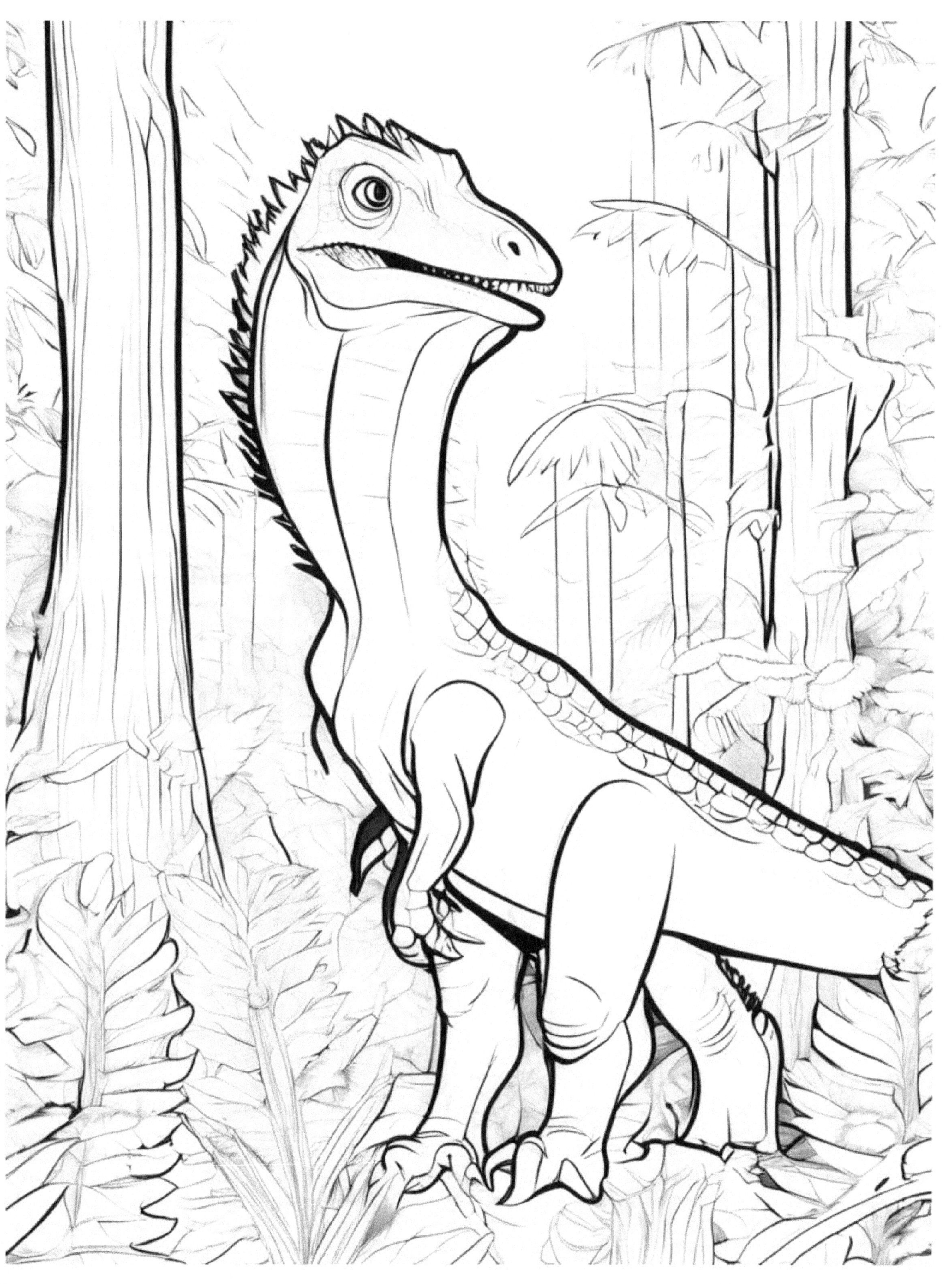

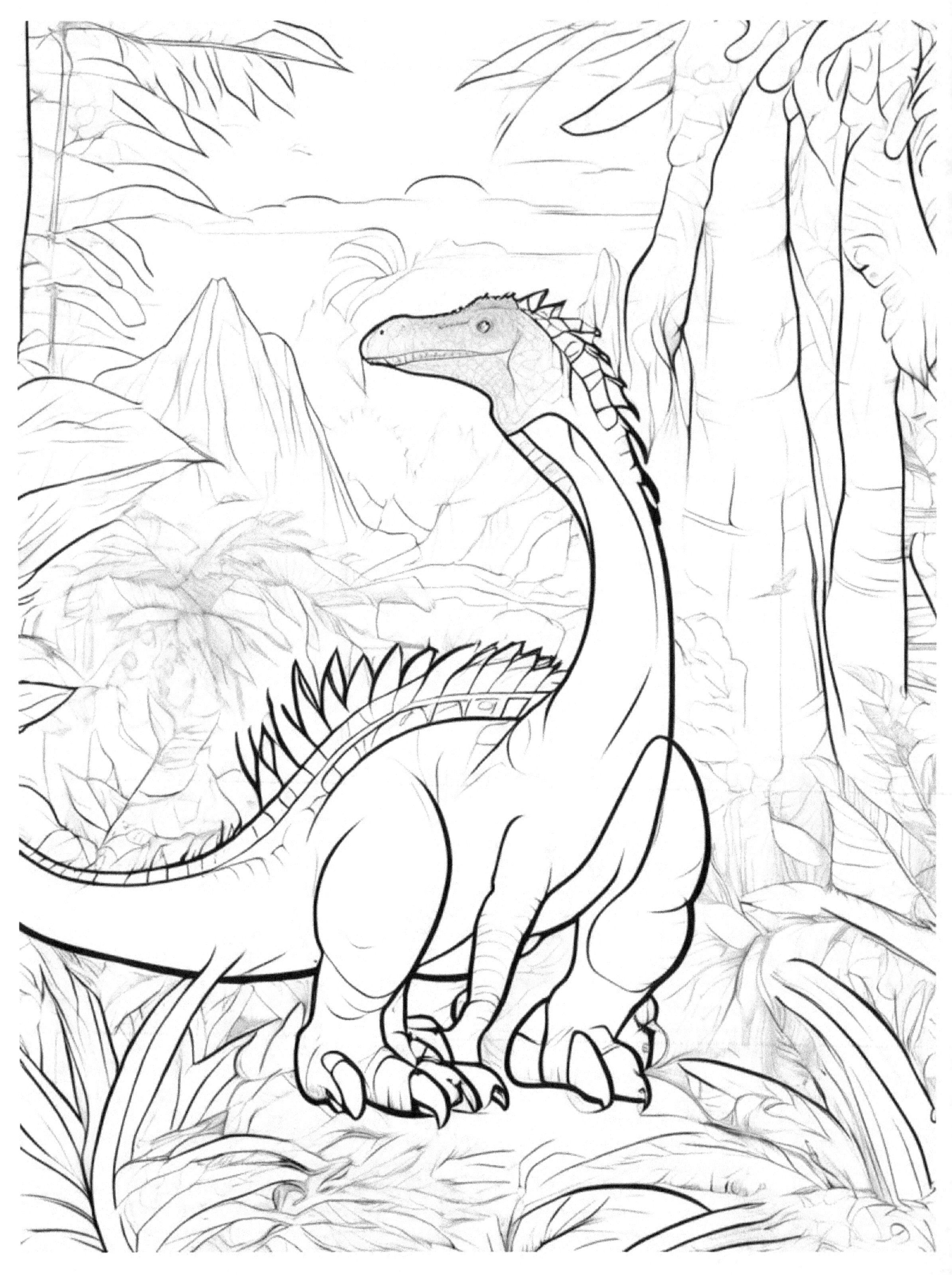

# Purussauro

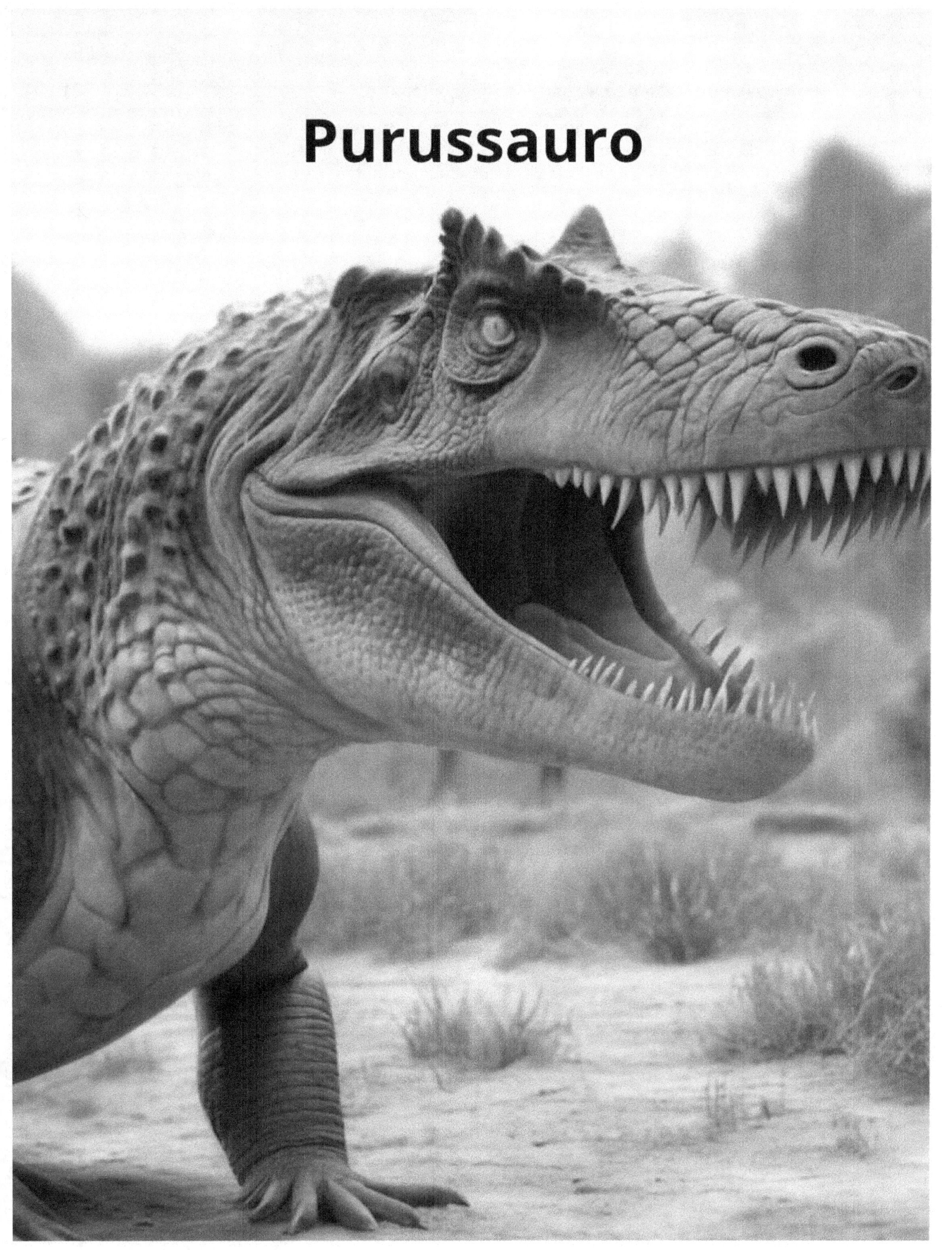

**"Purussauro: O Monarca dos Rios Amazônicos"**

Em um passado remoto, quando a Amazônia era um reino de mistérios, um predador reinava supremo nos rios: o Purussauro. Acompanhe-nos em uma jornada pelas águas ancestrais para desvendar os segredos deste gigante dos rios amazônicos!

O Purussauro é conhecido por ter sido um crocodiliano pré-histórico de grandes proporções, mas o tamanho exato pode variar dependendo da espécie específica. As estimativas indicam que algumas espécies de Purussauro podiam atingir comprimentos superiores a 10 metros, sendo considerados predadores formidáveis nos ecossistemas aquáticos da época.

**A Magnificência do Purussauro:** Imagine um réptil aquático colossal, com uma cabeça imponente e um corpo alongado que deslizava pelas águas com graciosidade. O Purussauro era verdadeiramente o monarca dos rios amazônicos, exibindo uma magnificência sem igual.

**Hábitos Alimentares e Caça Eficiente:** O Purussauro era um predador voraz, alimentando-se principalmente de peixes, tartarugas e outros animais aquáticos. Com dentes afiados e mandíbulas poderosas, este gigante era um caçador eficiente, capaz de dominar os rios em busca de presas.

**Adaptação à Vida Aquática:** Ao contrário de seus parentes terrestres, o Purussauro estava completamente adaptado à vida aquática. Seu corpo alongado e patas curtas indicavam uma vida passada predominantemente na água, onde podia nadar com agilidade e destreza.

**Locais onde Reinava:** O Purussauro habitava os rios e lagos da antiga Amazônia, uma região rica em biodiversidade e vastos ecossistemas aquáticos. Seus fósseis contam a história de um tempo onde os rios eram governados por criaturas formidáveis.

**A Época dos Rios Selvagens:** Ao explorar a era do Purussauro, somos transportados para um mundo onde os rios amazônicos eram reinos selvagens, cheios de vida e perigos. Visualize esse predador majestoso deslizando pelas águas escuras, criando um espetáculo único nas florestas aquáticas.

**Aventura nas Águas Amazônicas:** Aventureiros, juntem-se a nós nesta jornada pelos rios amazônicos! Imaginem as profundezas das selvas ancestrais, onde o Purussauro reinava com majestade. Venham conosco explorar os mistérios e maravilhas deste gigante dos rios amazônicos!

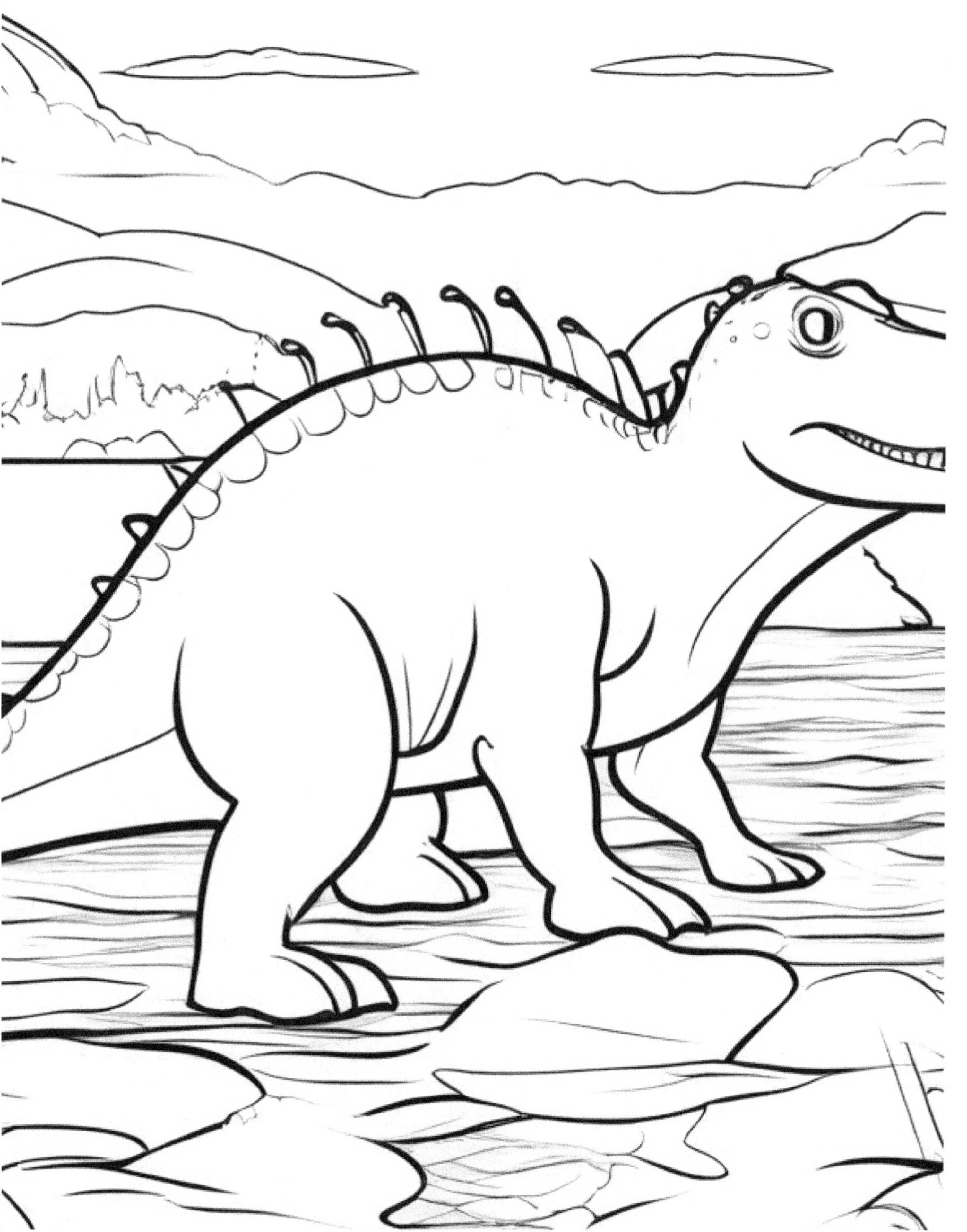

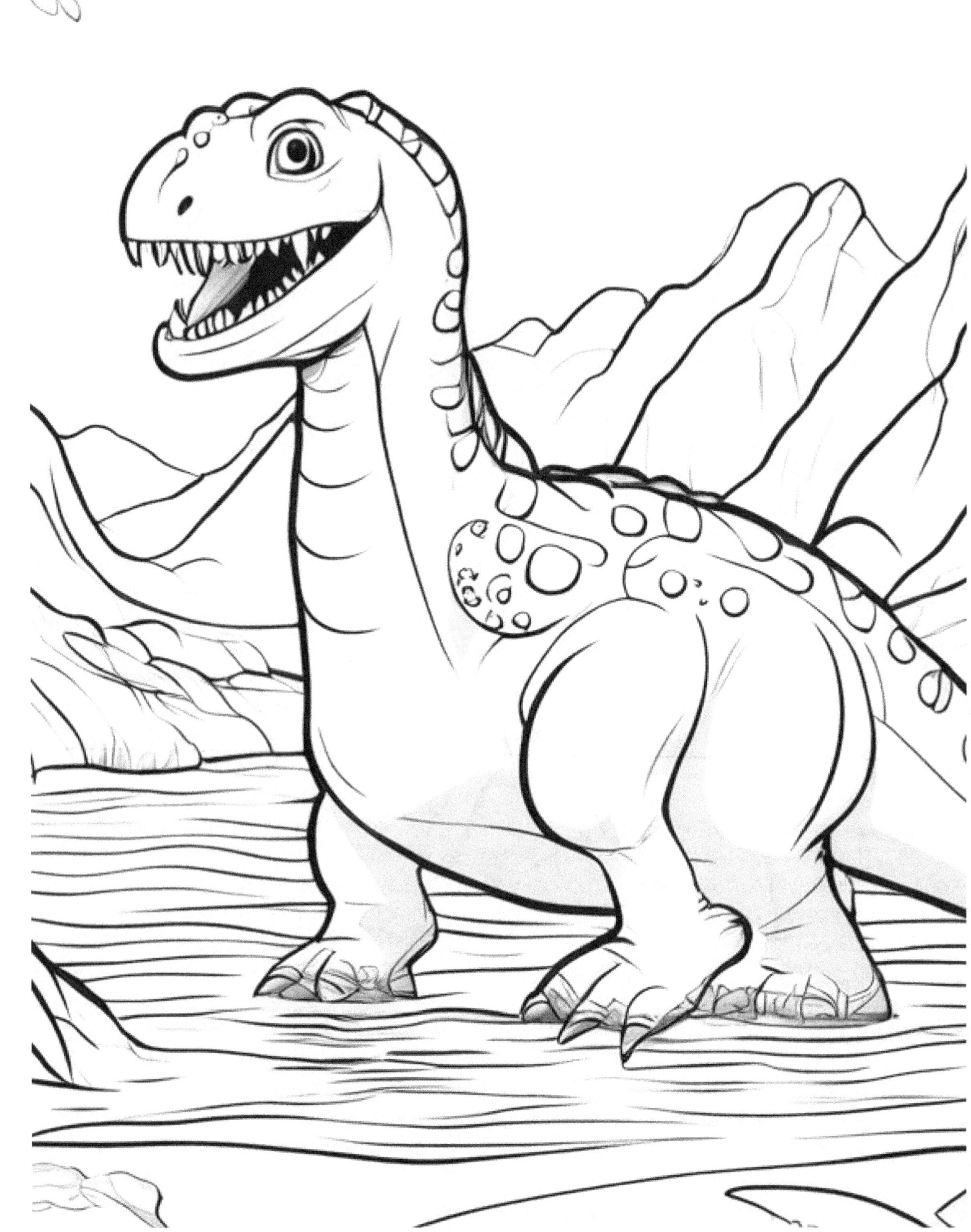

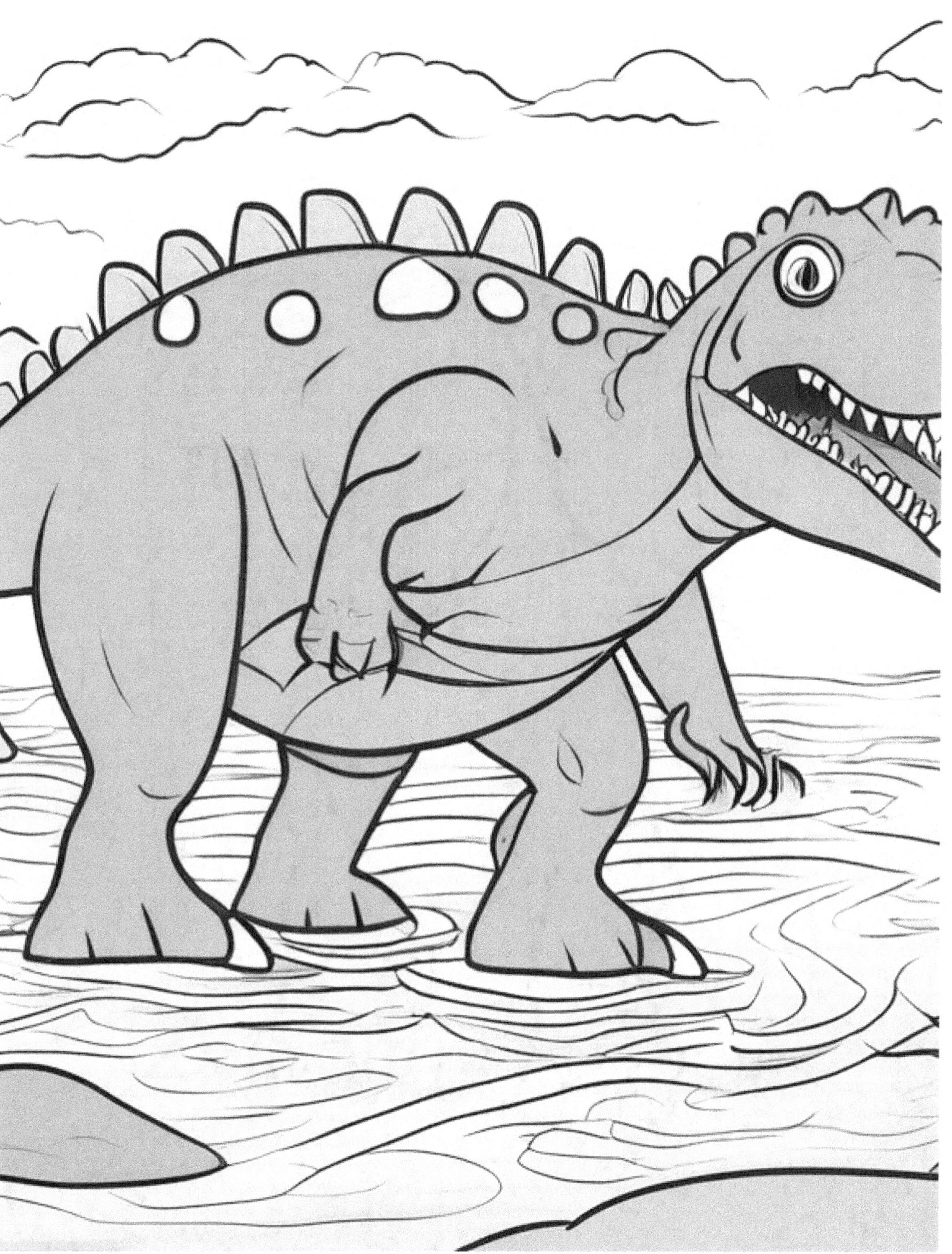

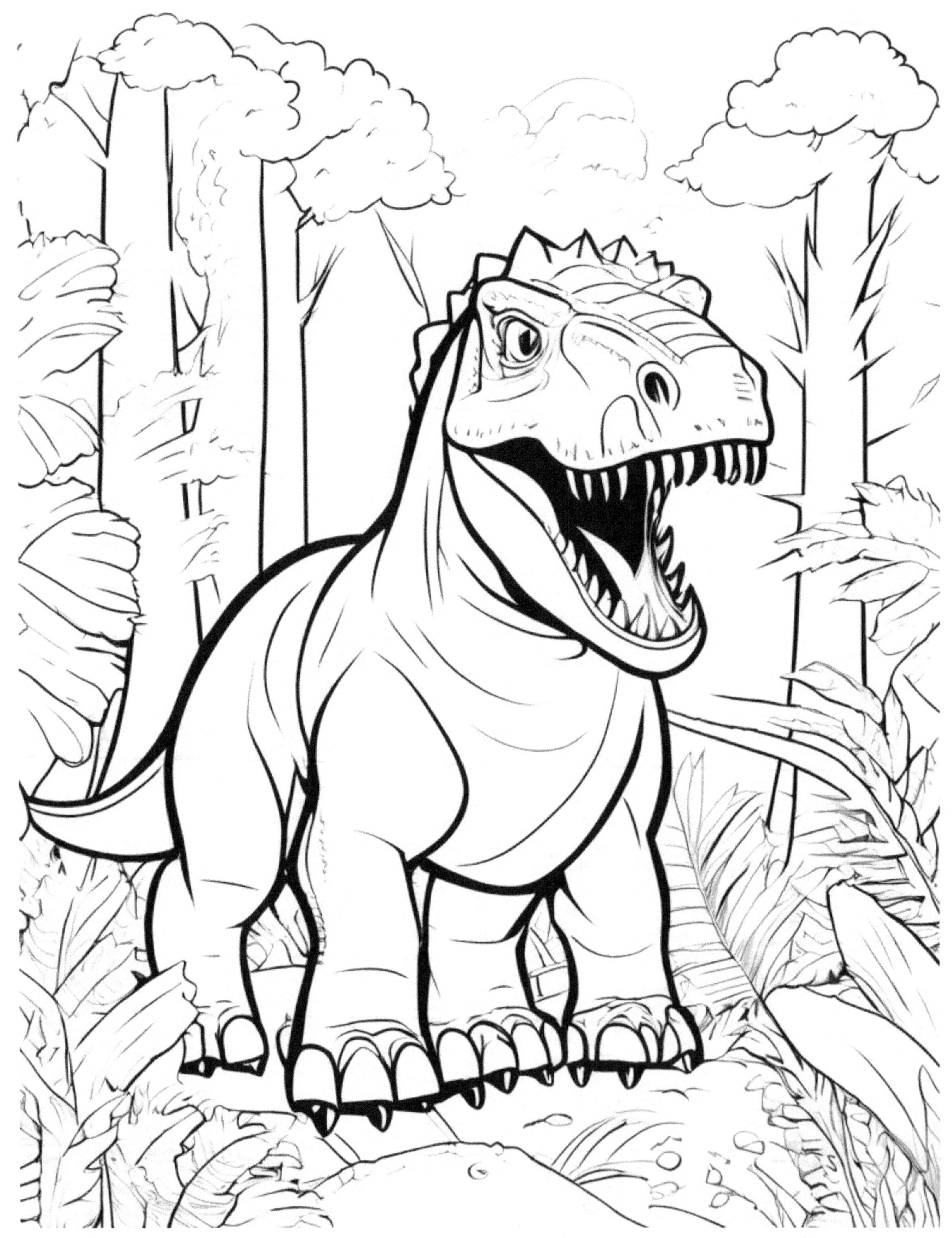

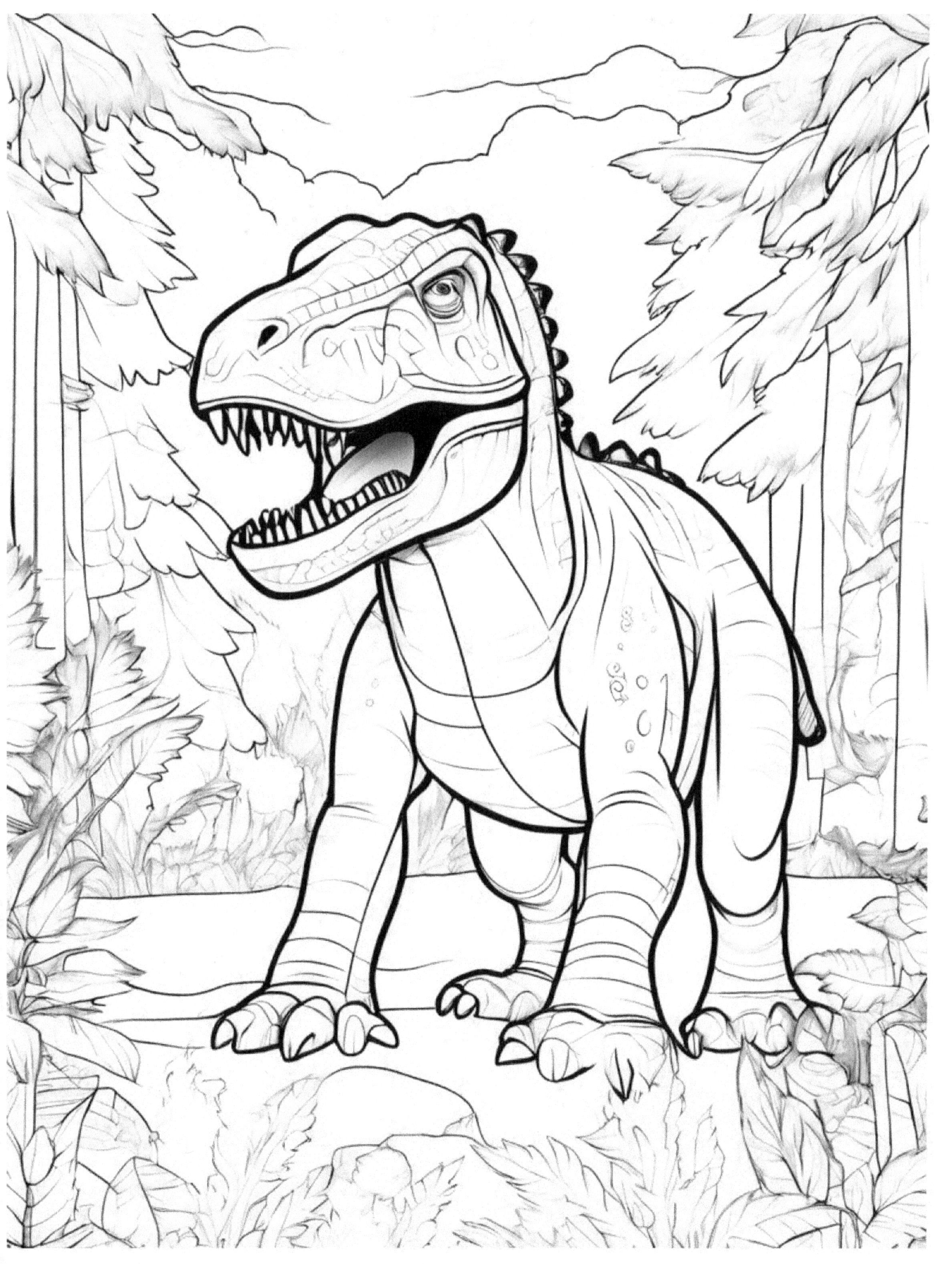

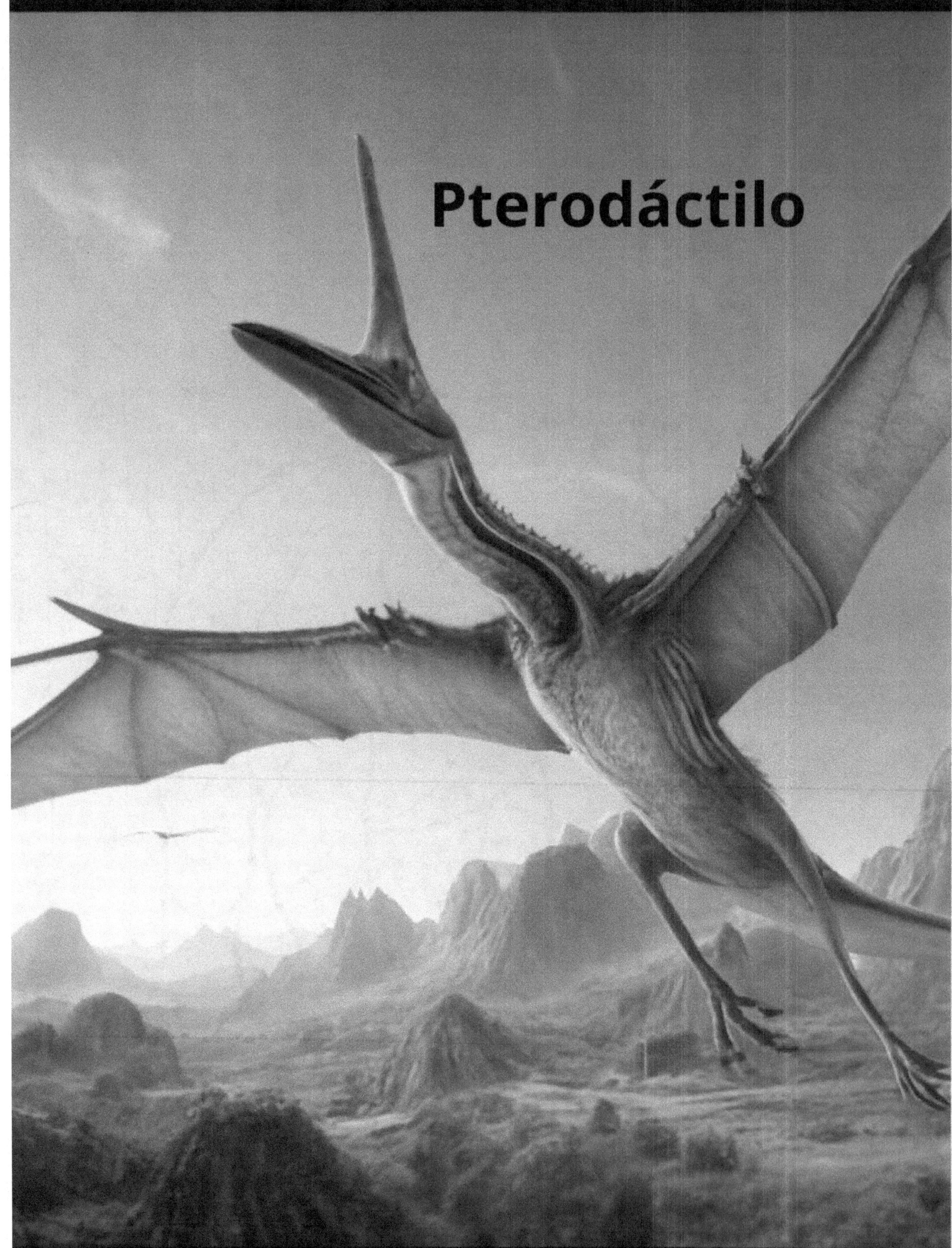
Pterodáctilo

## "Pterodáctilo: O Senhor dos Céus na Era dos Dinossauros"

Numa época onde os céus eram reinados por criaturas aladas, o Pterodáctilo se destacava como um verdadeiro mestre dos ares. Venha conosco nesta emocionante aventura para descobrir os segredos deste incrível réptil voador da Era dos Dinossauros!

**As Asas Imponentes do Pterodáctilo:** Imaginem um réptil com asas tão largas e imponentes que podiam atingir envergaduras de até 7 metros. O Pterodáctilo, apesar de não ser tecnicamente um dinossauro, era um incrível réptil voador que desafiava as expectativas com suas asas elegantes.

**Hábitos Alimentares no Céu:** Enquanto muitos dinossauros eram criaturas terrestres, o Pterodáctilo era um mestre do céu. Sua dieta consistia principalmente de peixes e outros animais marinhos que capturava com seu bico afiado enquanto voava sobre os mares e rios.

**Como Vivia nos Céus:** O Pterodáctilo era um hábil planador e voava usando suas asas membranosas, semelhantes às de um morcego. Com patas adaptadas para agarrar presas e se locomover em terra firme, ele podia explorar tanto os céus quanto as terras, adicionando uma dimensão única à sua vida.

**Locais onde Voava:** Fósseis de Pterodáctilos foram encontrados em diversas partes do mundo, sugerindo que esses répteis voadores habitavam ambientes costeiros e fluviais. Rios e oceanos eram seus domínios, e suas asas permitiam-lhes explorar vastas extensões em busca de alimento.

**A Dança nos Céus:** Crianças, fechem os olhos e imaginem o Pterodáctilo dançando nos céus. Visualizem suas asas se estendendo majestosamente enquanto planam sobre águas reluzentes, capturando peixes habilmente. Seus gritos ecoam, criando uma sinfonia única na paisagem pré-histórica.

**Aventura nos Céus Azuis:** Venham conosco nesta aventura pelos céus azuis da Era dos Dinossauros! Juntos, exploraremos os segredos do Pterodáctilo, o senhor dos céus, testemunhando sua graça e poder enquanto dominava os ares. Uma jornada emocionante aguarda à medida que descobrimos os mistérios deste magnífico réptil voador!

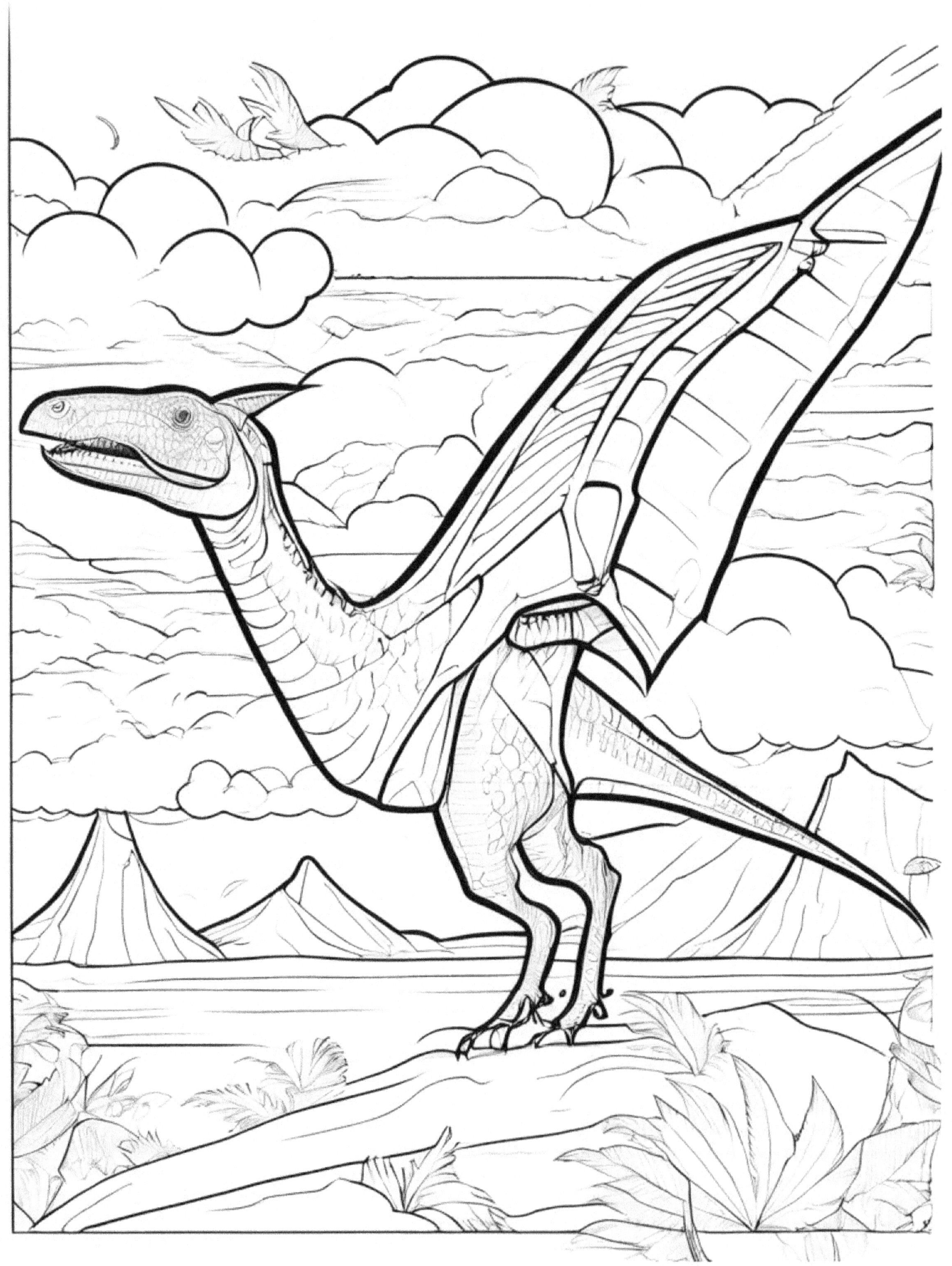

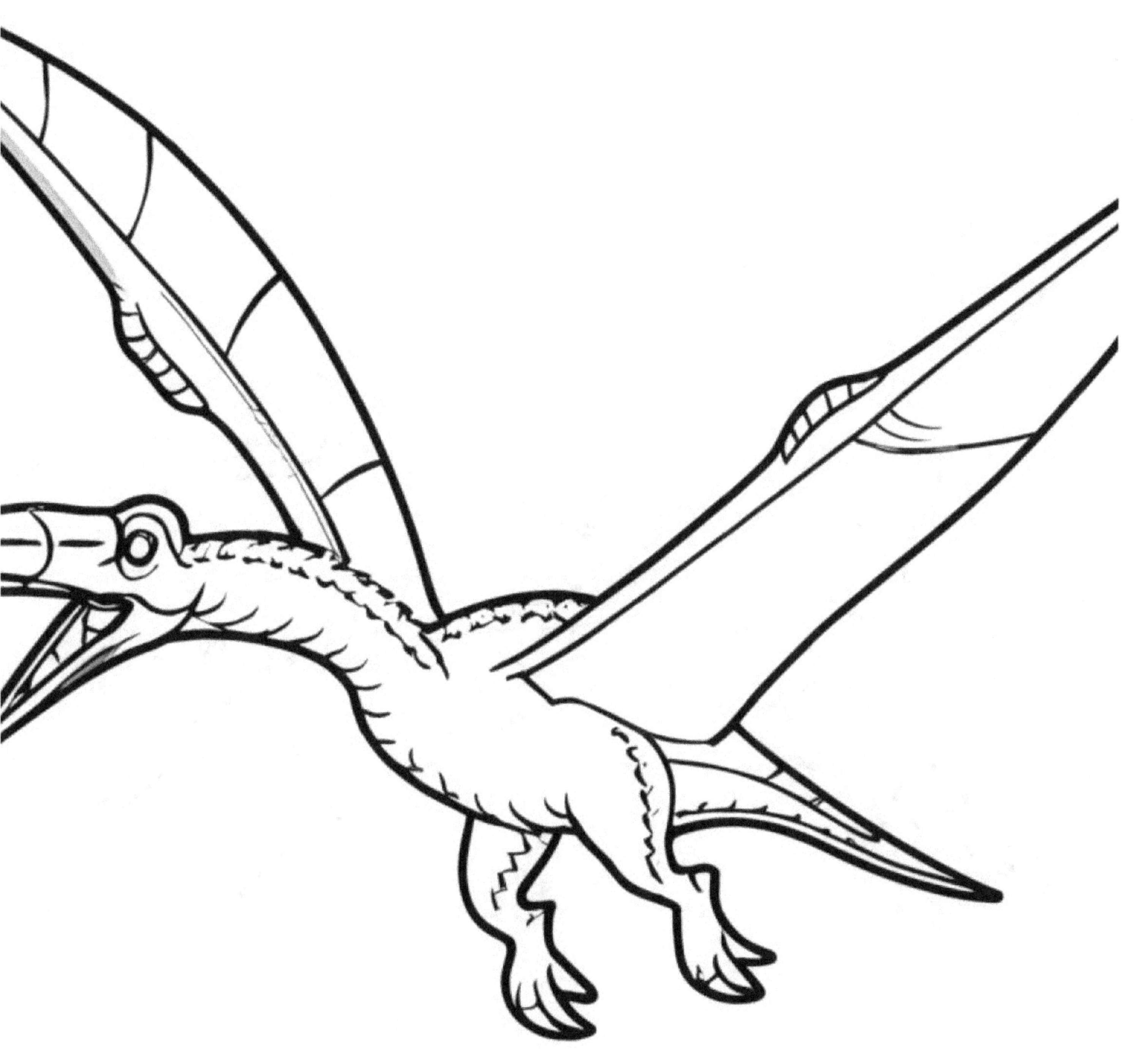

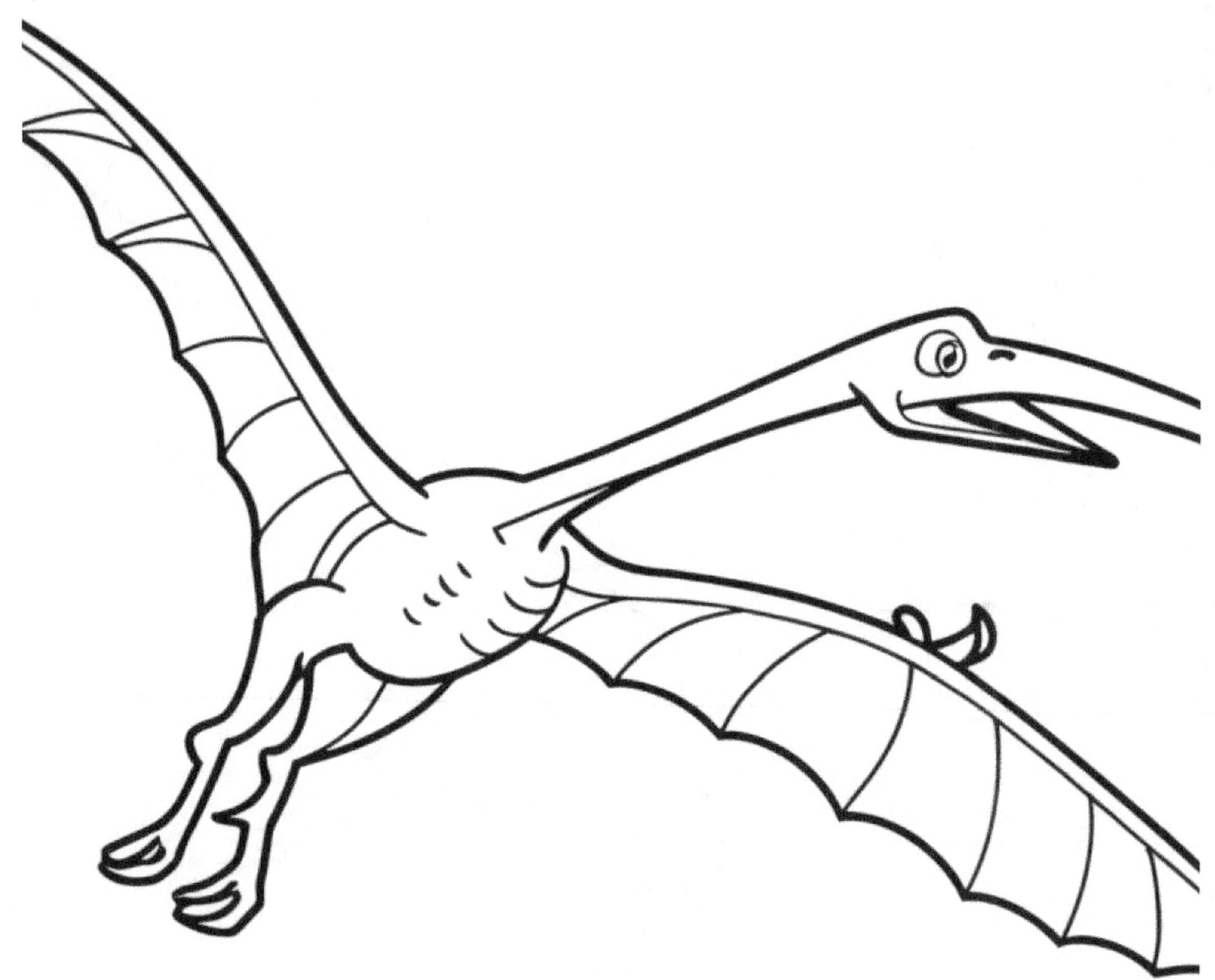

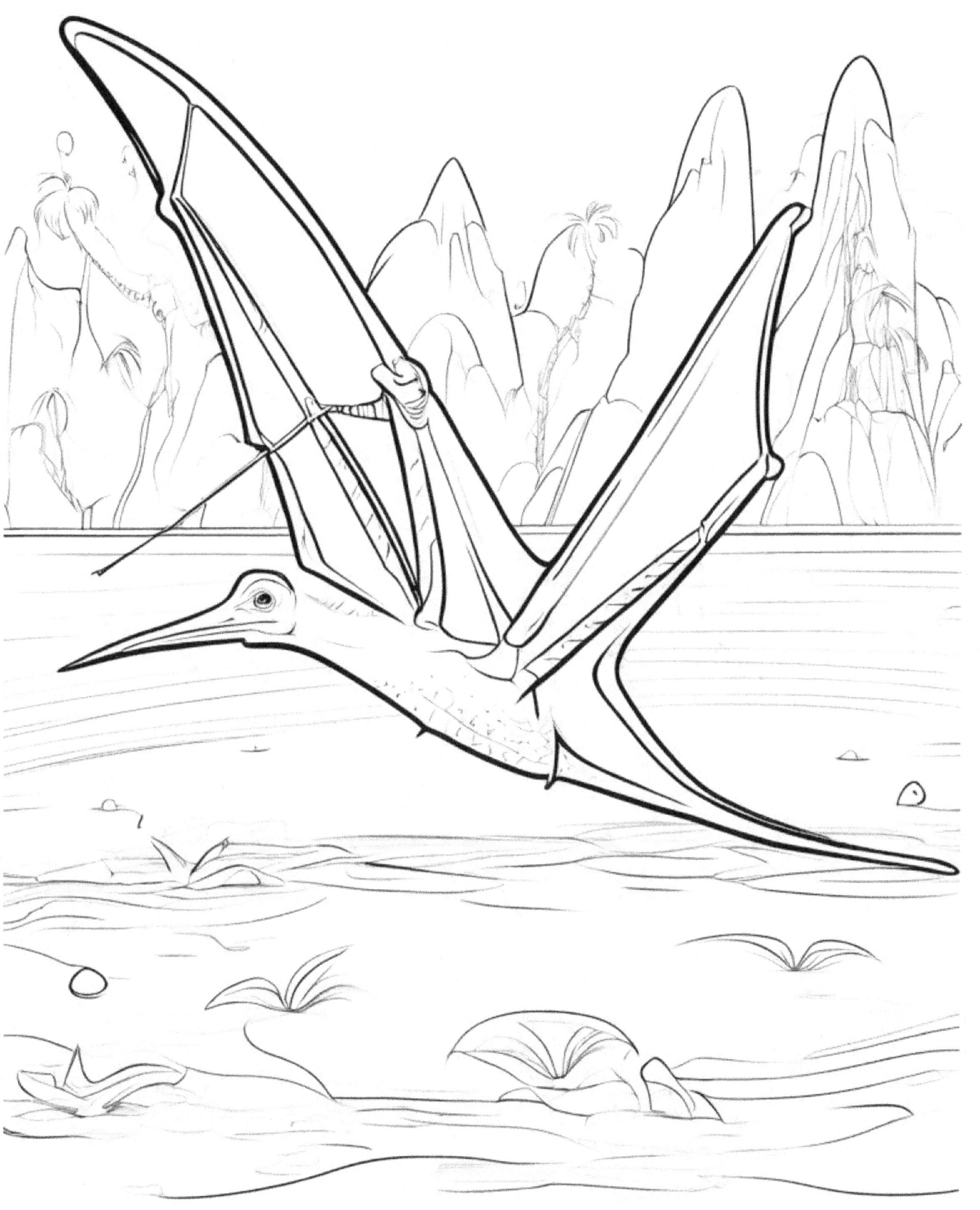

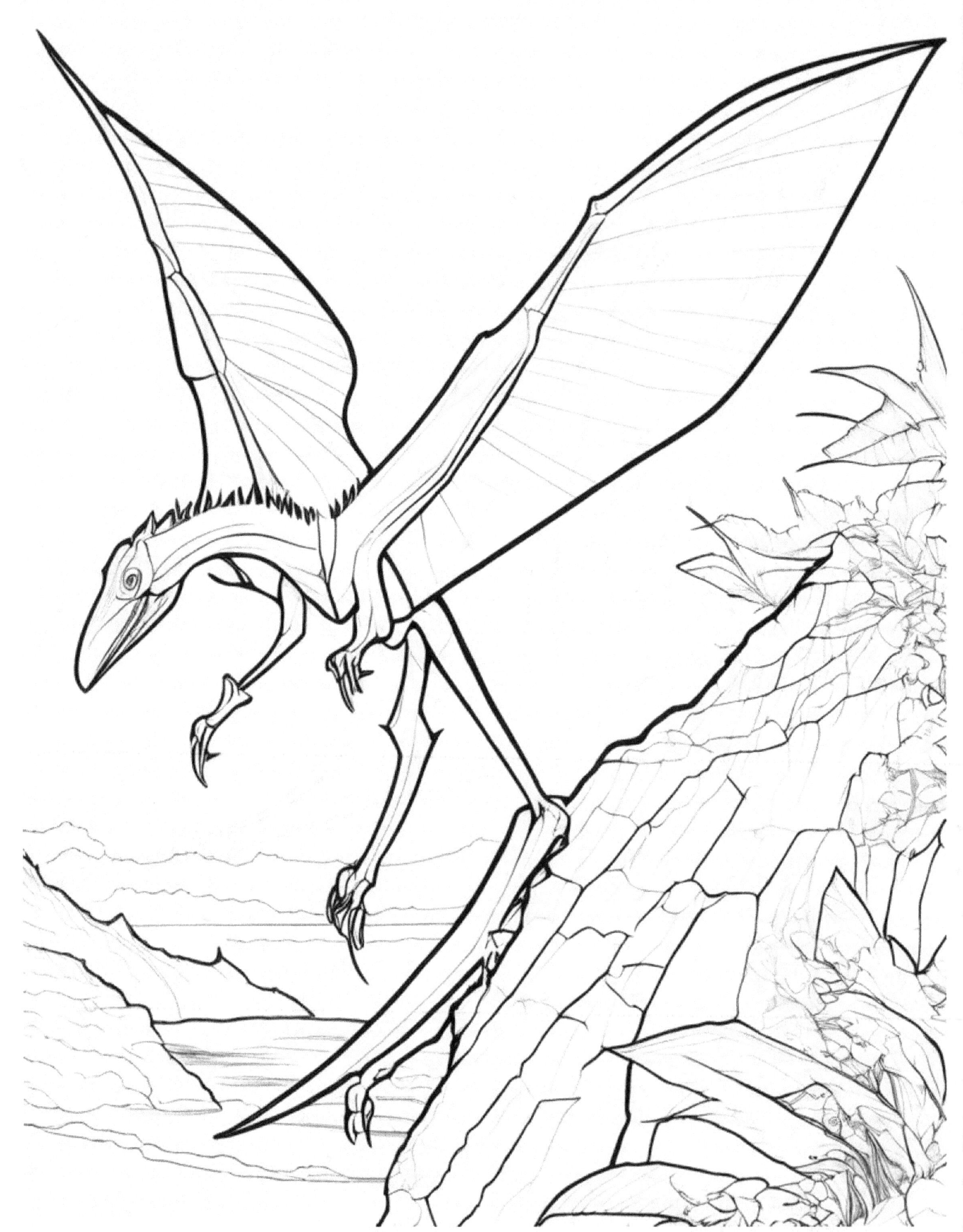

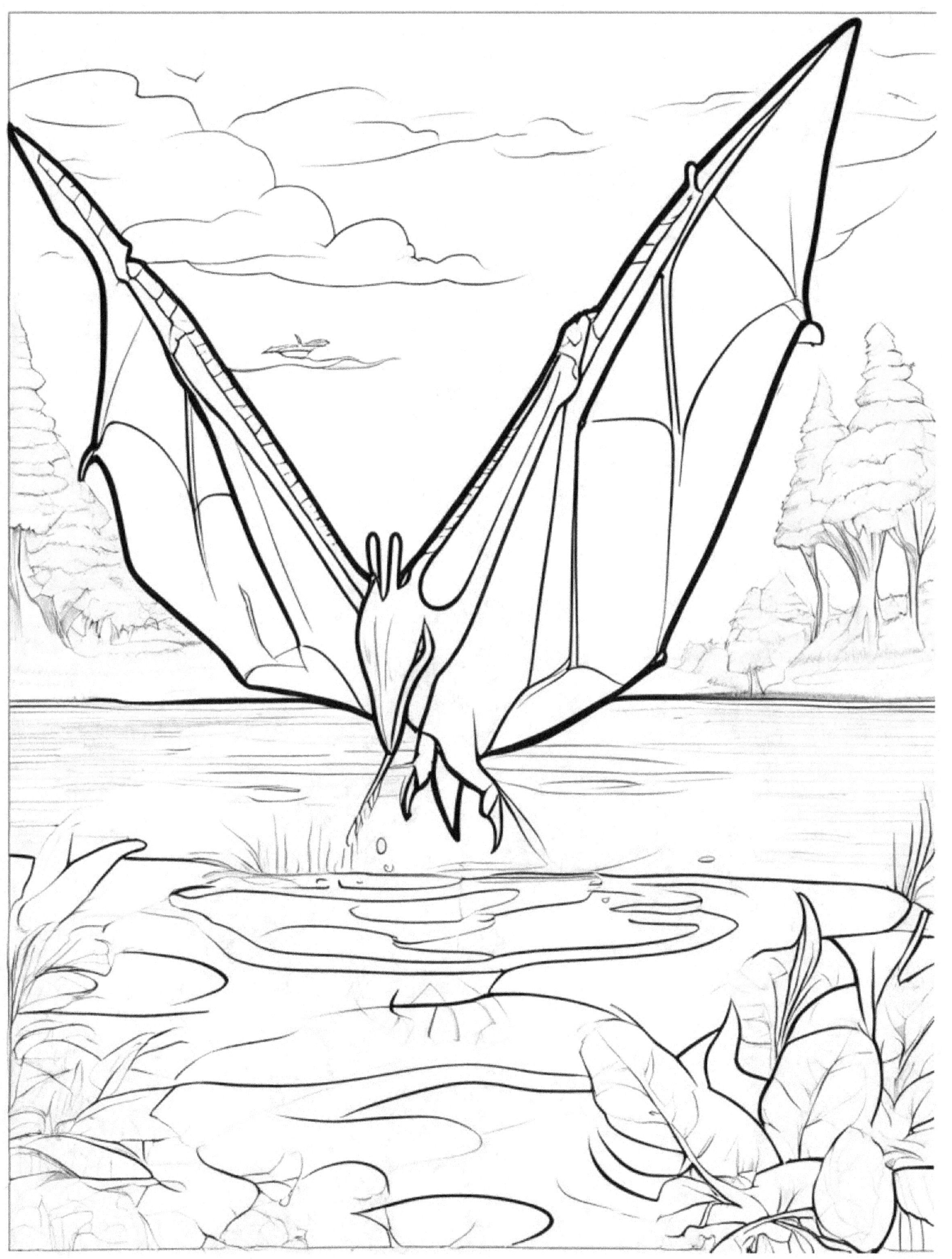

# Pliossauro

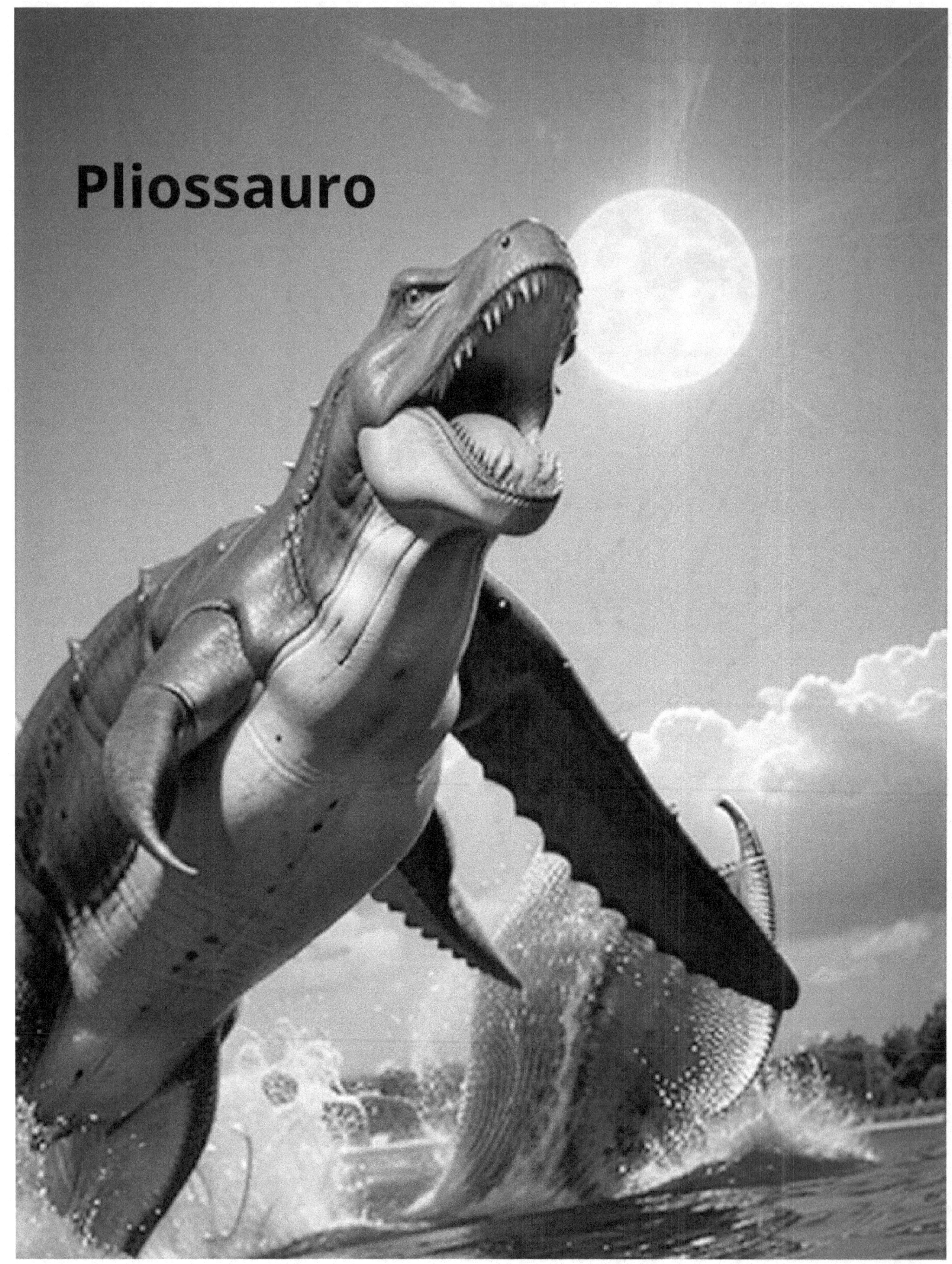

## "Pliossauro: O Monarca dos Mares Jurássicos"

Em um oceano vasto e misterioso, um gigante dos mares reinava supremo: o Pliossauro. Junte-se a nós em uma expedição subaquática para descobrir os segredos deste predador marinho imponente da Era Jurássica!

**A Magnificência do Pliossauro:** Imagine um réptil marinho colossal, com uma cabeça poderosa e dentes afiados que rivalizavam com os de qualquer predador terrestre. O Pliossauro era verdadeiramente o monarca dos mares jurássicos, governando as águas com sua presença imponente.

**Hábitos Alimentares e Caça Eficiente:** O Pliossauro era um predador feroz que se alimentava principalmente de peixes, mas também caçava outros grandes animais marinhos, incluindo ictiossauros e até mesmo outros pliossauros. Sua mandíbula potente e dentes afiados eram perfeitamente adaptados para uma caça eficiente.

**Como Viviam nos Oceanos:** Os Pliossauros eram criaturas adaptadas à vida oceânica, com corpos hidrodinâmicos e nadadeiras poderosas que os tornavam nadadores ágeis. Acredita-se que esses predadores percorressem grandes distâncias em busca de presas, explorando os vastos oceanos jurássicos.

**Locais onde Reinavam:** Fósseis de Pliossauros foram encontrados em várias partes do mundo, indicando que esses gigantes marinhos eram habitantes de oceanos globais. Suas pegadas fósseis marcaram os registros da vida marinha da Era Jurássica.

**A Época dos Oceanos Dominados:** Ao explorar a era dos Pliossauros, somos transportados para um mundo onde os oceanos eram dominados por criaturas impressionantes. Imaginem as profundezas azuis cheias de vida, com o Pliossauro como um dos principais predadores, governando os mares com majestade.

**Aventura Subaquática:** Crianças aventureiras, mergulhem conosco nesta aventura subaquática! Visualizem as profundezas dos oceanos jurássicos, onde o Pliossauro corta as águas com graciosidade e poder. Junte-se a nós para explorar os mistérios e maravilhas do Pliossauro, o monarca dos mares jurássicos!

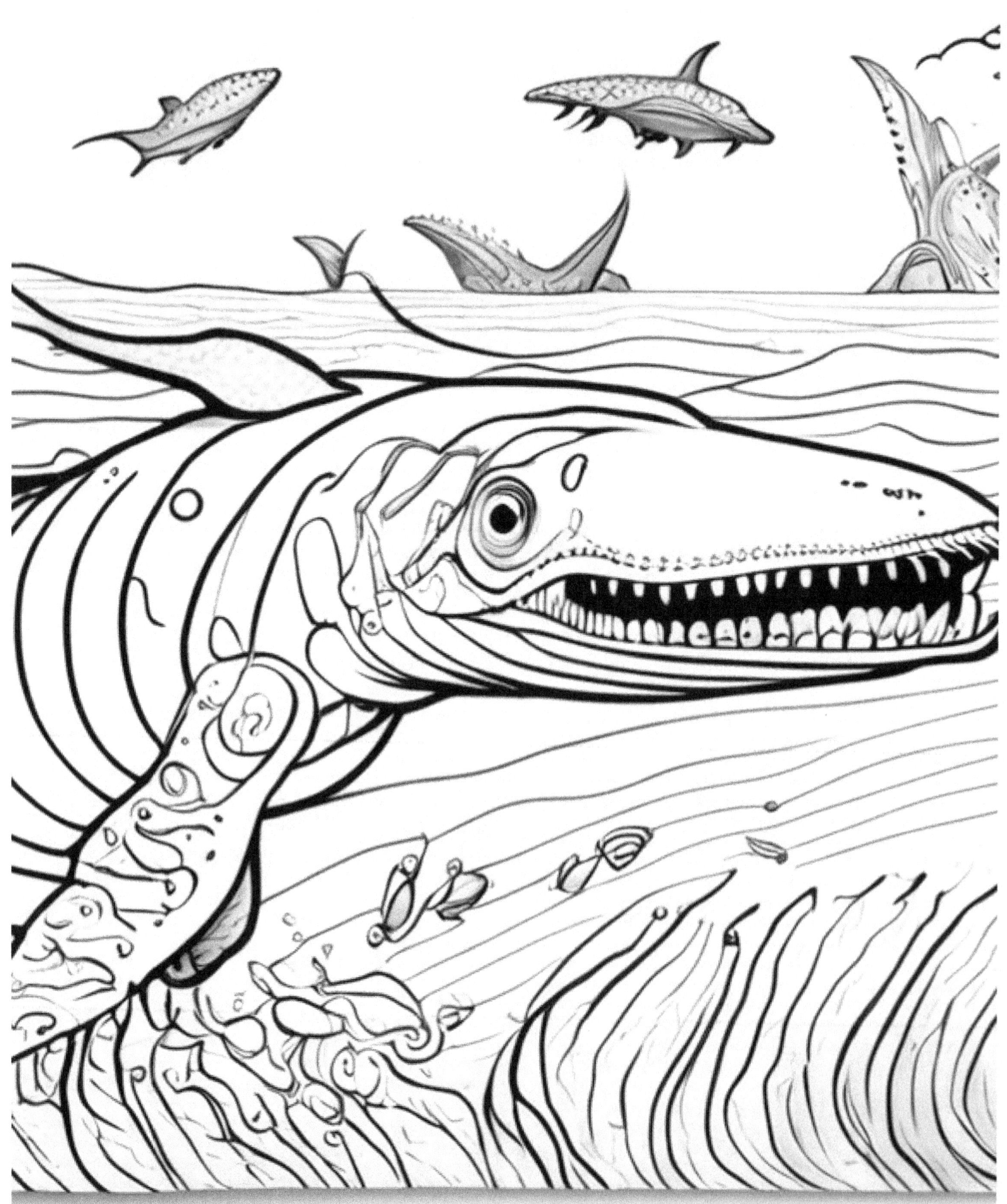

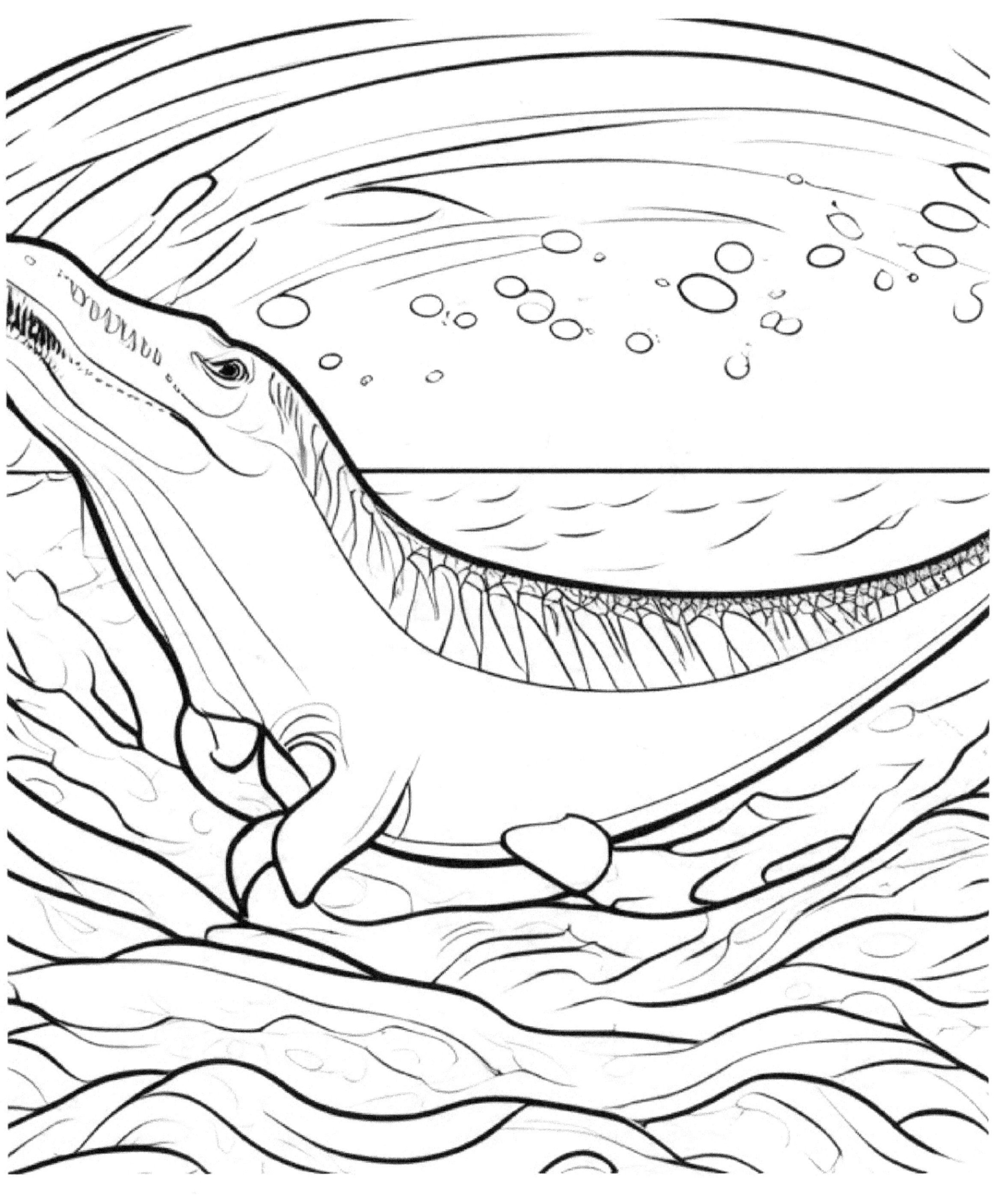

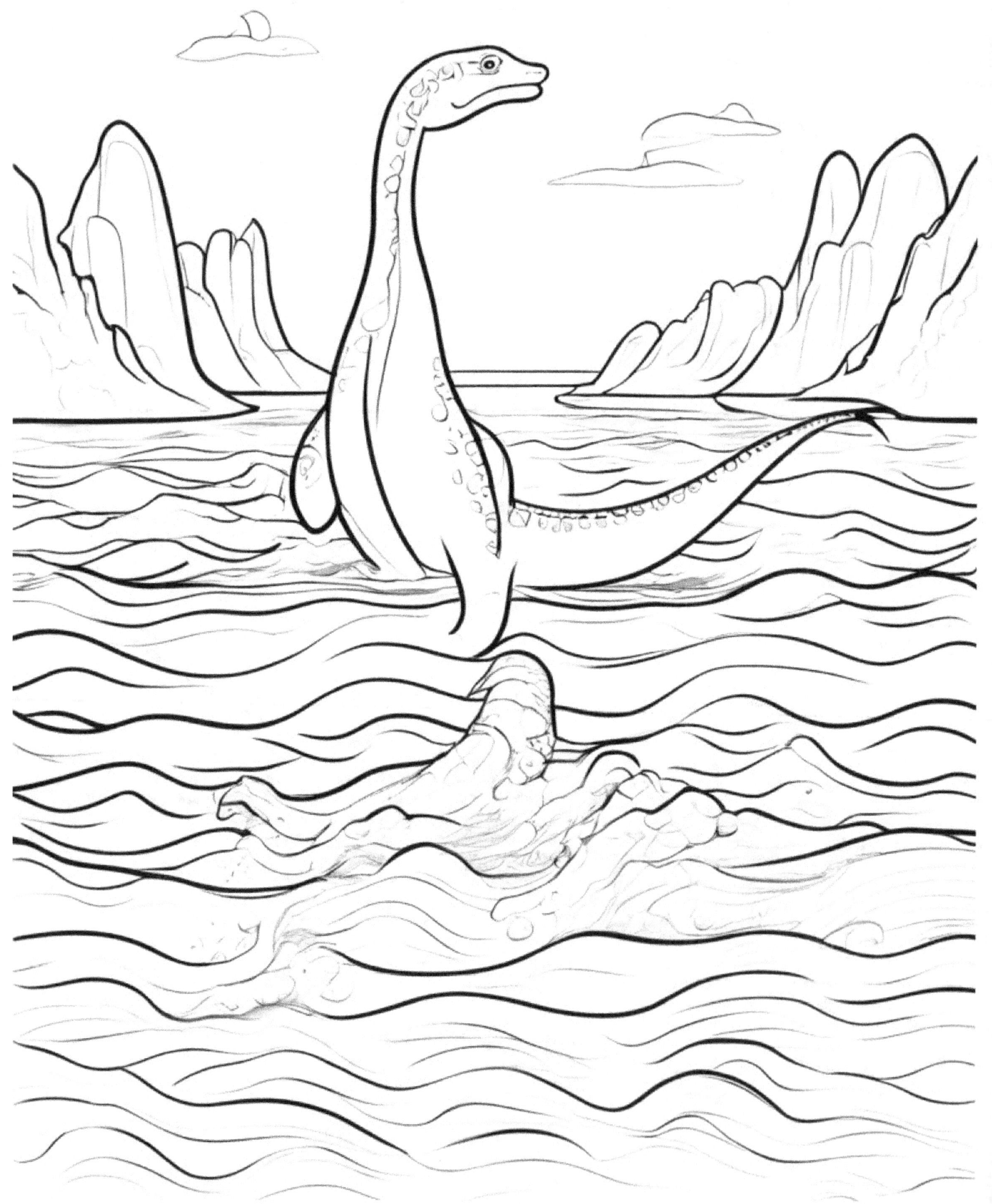

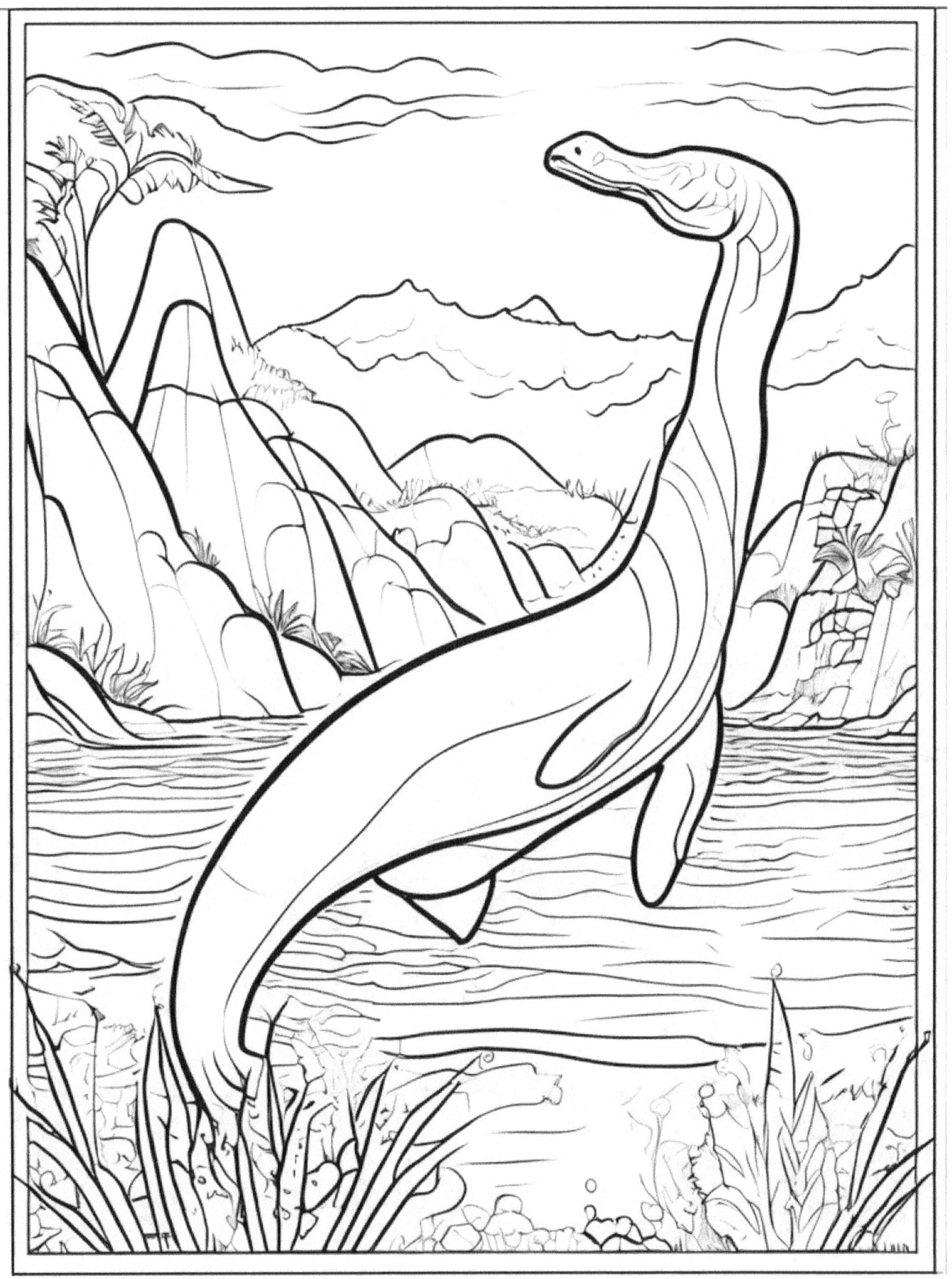

# Estegossauro

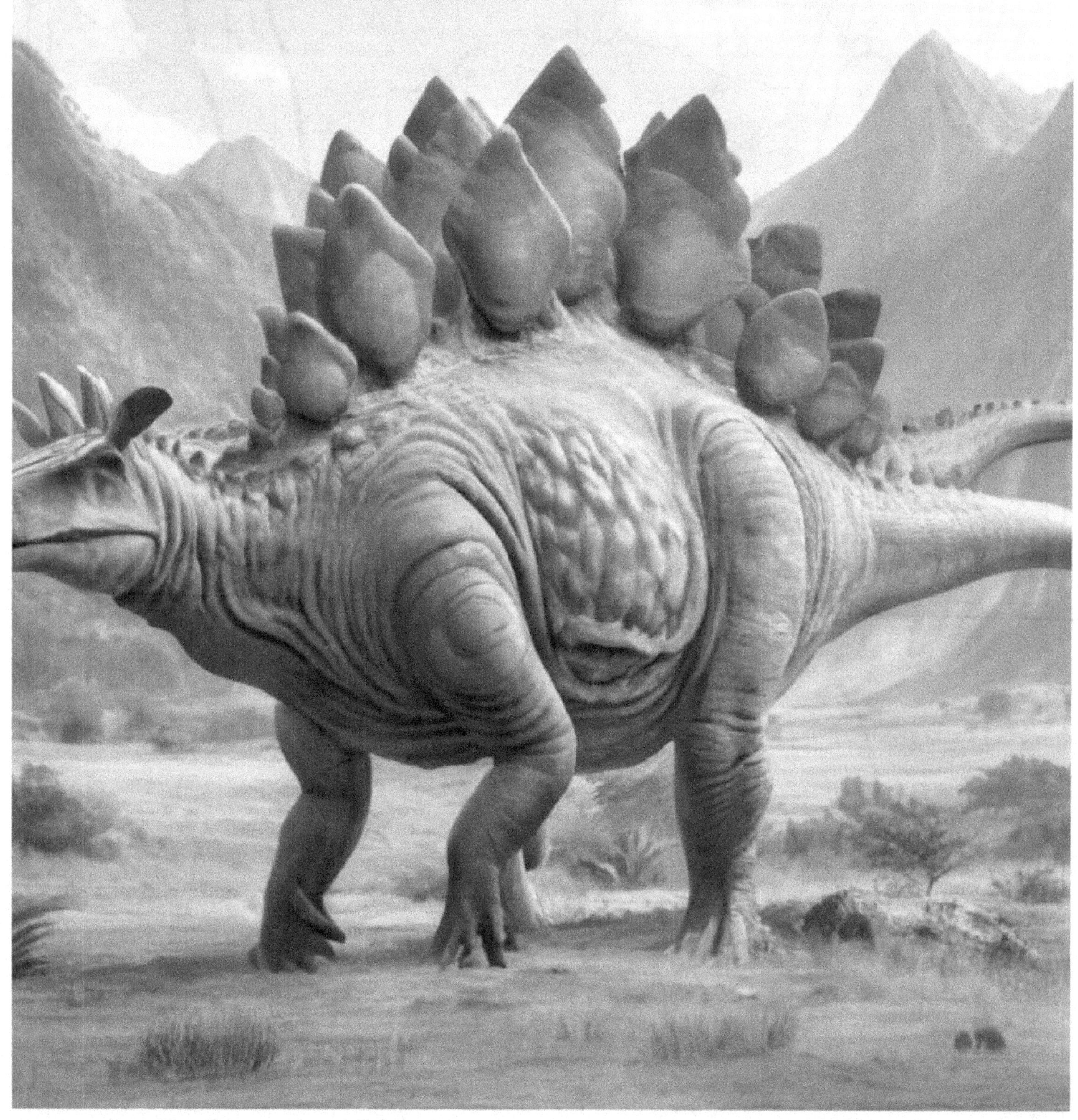

## Título: "Stegosaurus: O Gigante com Placas e Espinhos"

Numa era distante, quando os dinossauros reinavam, um gigante de costas adornadas com placas e espinhos vagava pela Terra: o Stegosaurus. Vamos viajar no tempo para descobrir os segredos e maravilhas deste magnífico herbívoro.

**A Magnificência do Stegosaurus:** Visualizem um dinossauro imponente, com um corpo maciço, pernas robustas e uma característica distintiva - as grandes placas ósseas e os espinhos que adornavam sua coluna. O Stegosaurus era verdadeiramente magnífico, um gigante herbívoro que marcava presença nas paisagens pré-históricas.

**Hábitos Alimentares e Herbivoria:** O Stegosaurus era um herbívoro, alimentando-se principalmente de plantas baixas, como samambaias e cicadáceas. Seu corpo robusto e sua boca adaptada para a mastigação faziam dele um especialista na dieta de vegetais que cobriam as terras antigas.

**As Placas Dorsais e Espinhos Defensivos:** Uma das características mais notáveis do Stegosaurus eram as placas ósseas e os espinhos ao longo de sua coluna. A função exata dessas estruturas ainda é objeto de estudo, mas acredita-se que desempenhavam papéis na regulação térmica, comunicação e talvez defesa contra predadores.

**Vida nas Paisagens Jurássicas:** Esses gigantes herbívoros vagavam pelas paisagens jurássicas, desde a América do Norte até a Europa. Seus passos ressoavam nas vastas planícies e florestas da época, deixando uma marca duradoura na história dos dinossauros.

**Locais Onde Stegosaurus Reinava:** Fósseis do Stegosaurus foram encontrados em várias partes do mundo, indicando que esses dinossauros habitavam uma variedade de ambientes. Sua adaptabilidade e presença global fizeram deles um componente significativo dos ecossistemas jurássicos.

**Aventura Pré-Histórica com Stegosaurus:** Crianças curiosas, fechem os olhos e imaginem-se caminhando nas paisagens jurássicas ao lado do Stegosaurus. Visualizem esses gigantes pacíficos pastando entre as plantas antigas, com suas placas e espinhos destacando-se sob o sol pré-histórico.

Junte-se a nós nesta jornada pelo tempo para explorar os mistérios e maravilhas do Stegosaurus, o gigante com placas e espinhos, um tesouro da história dos dinossauros que continua a fascinar e encantar.

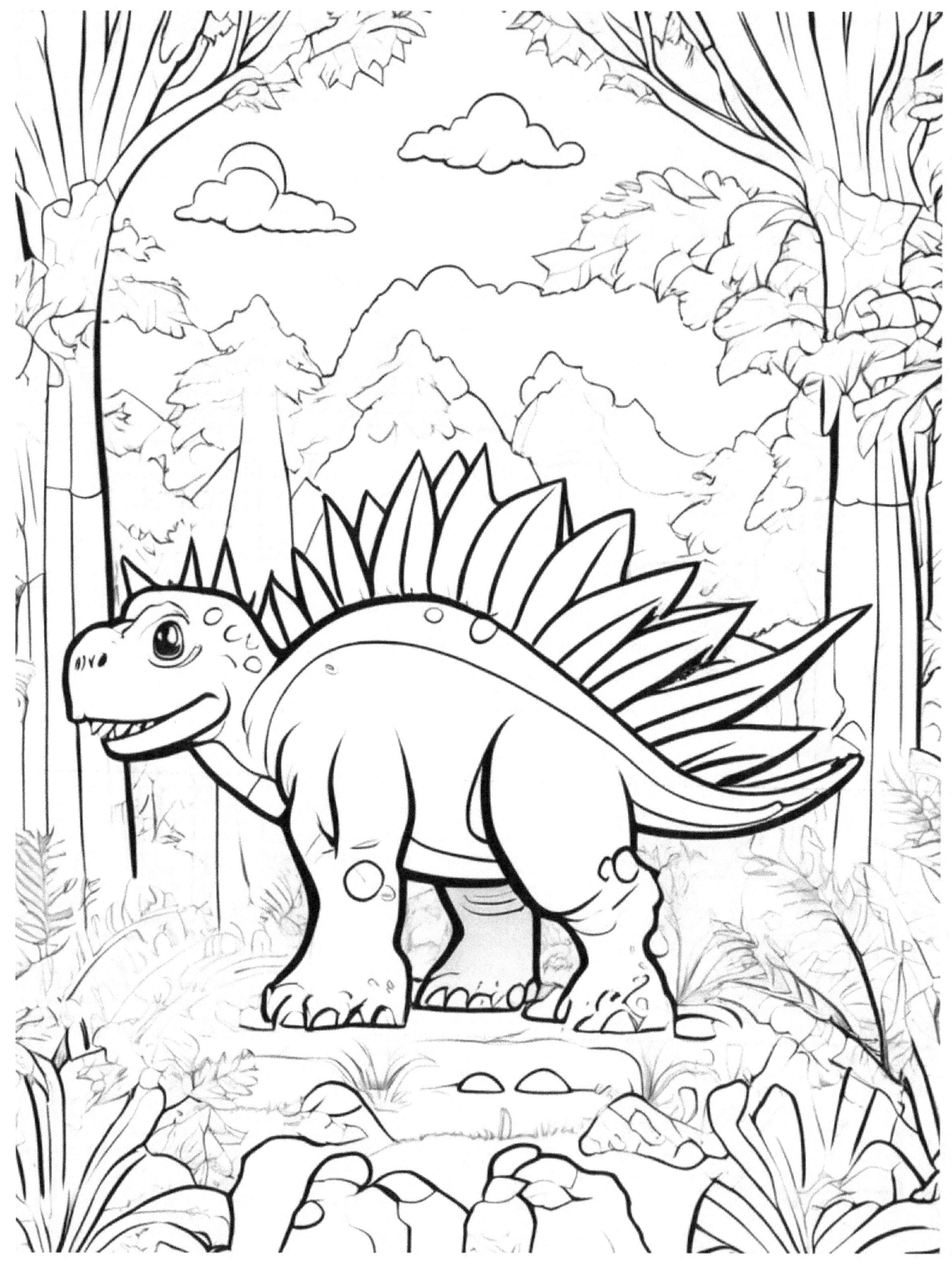

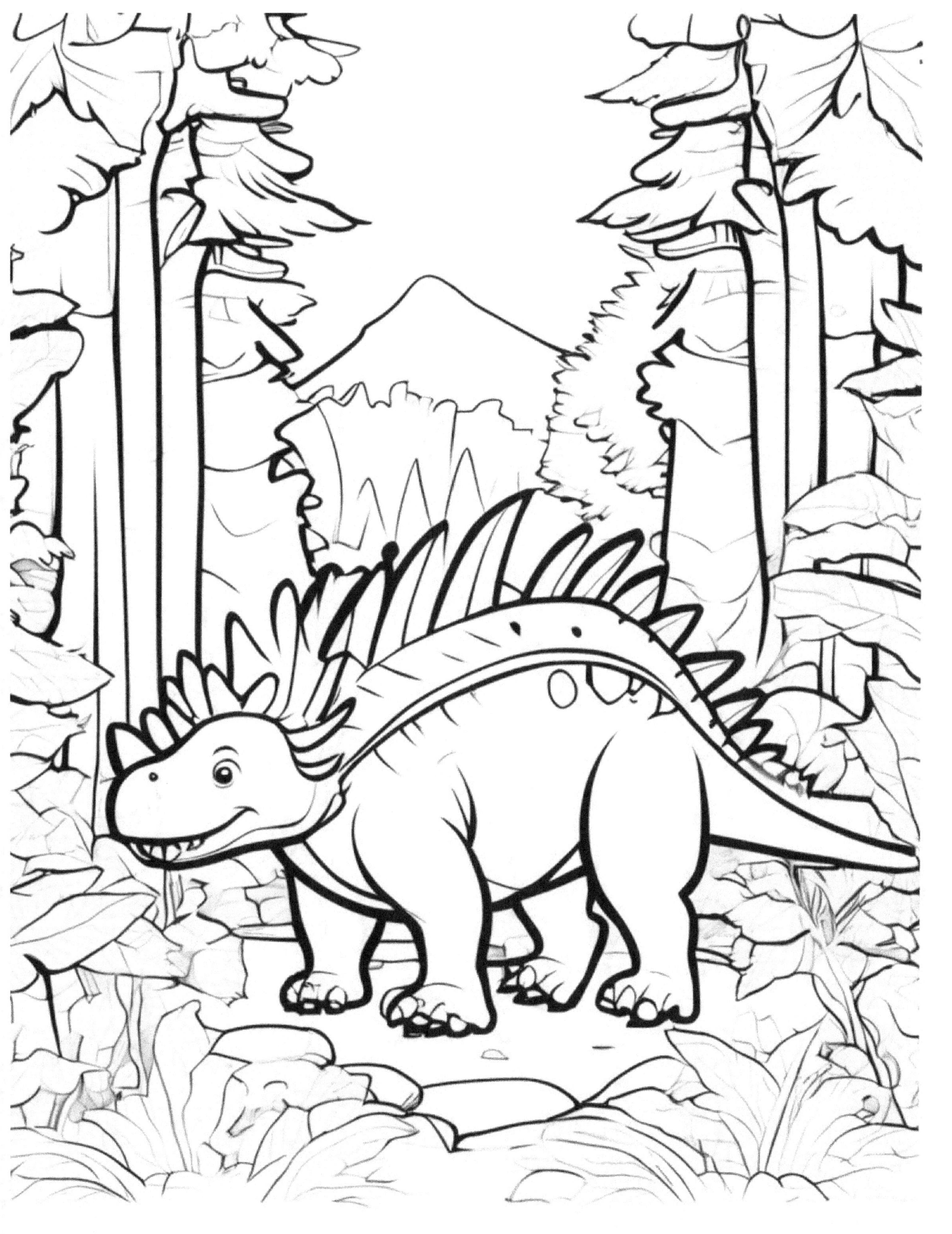

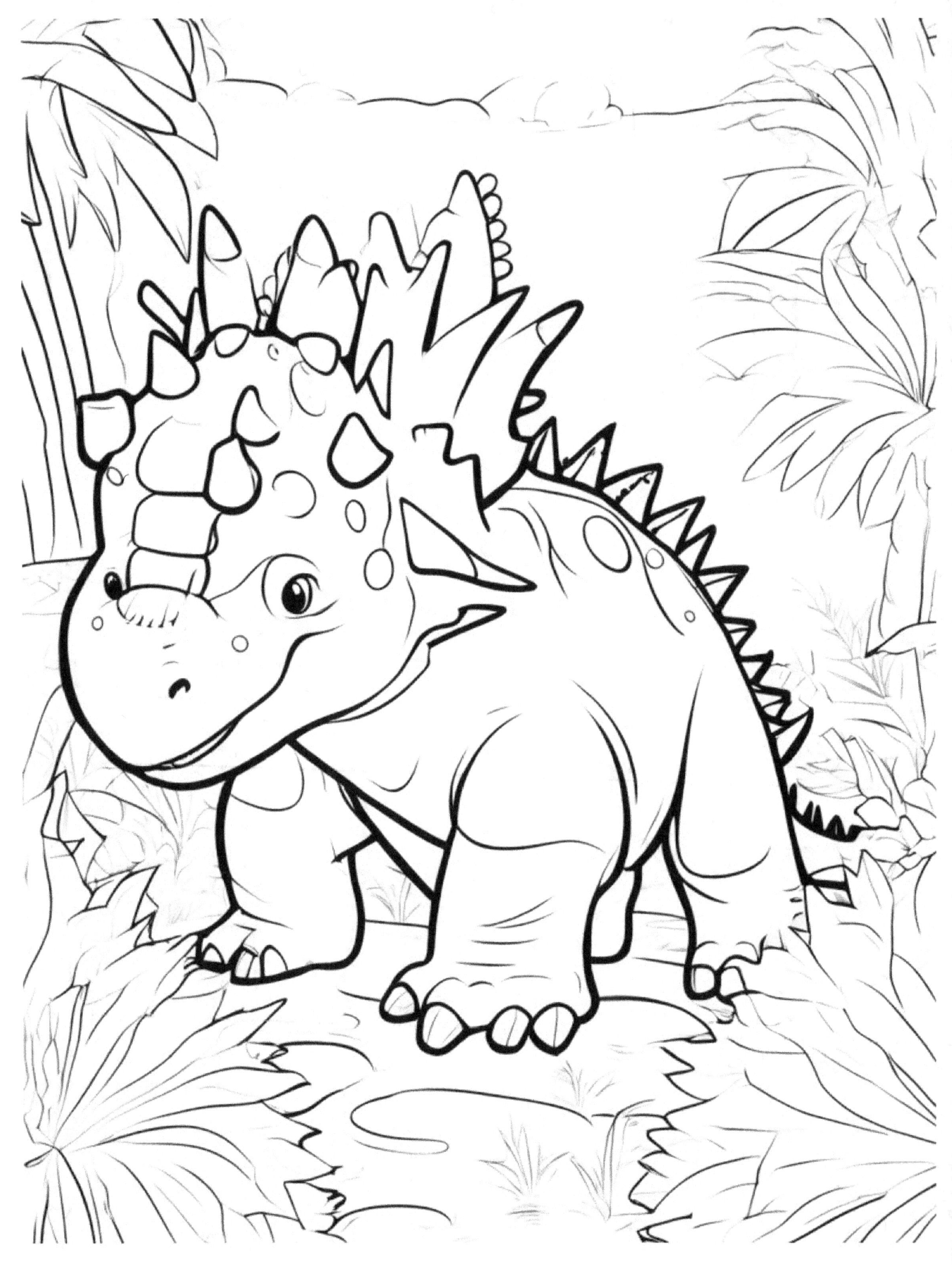

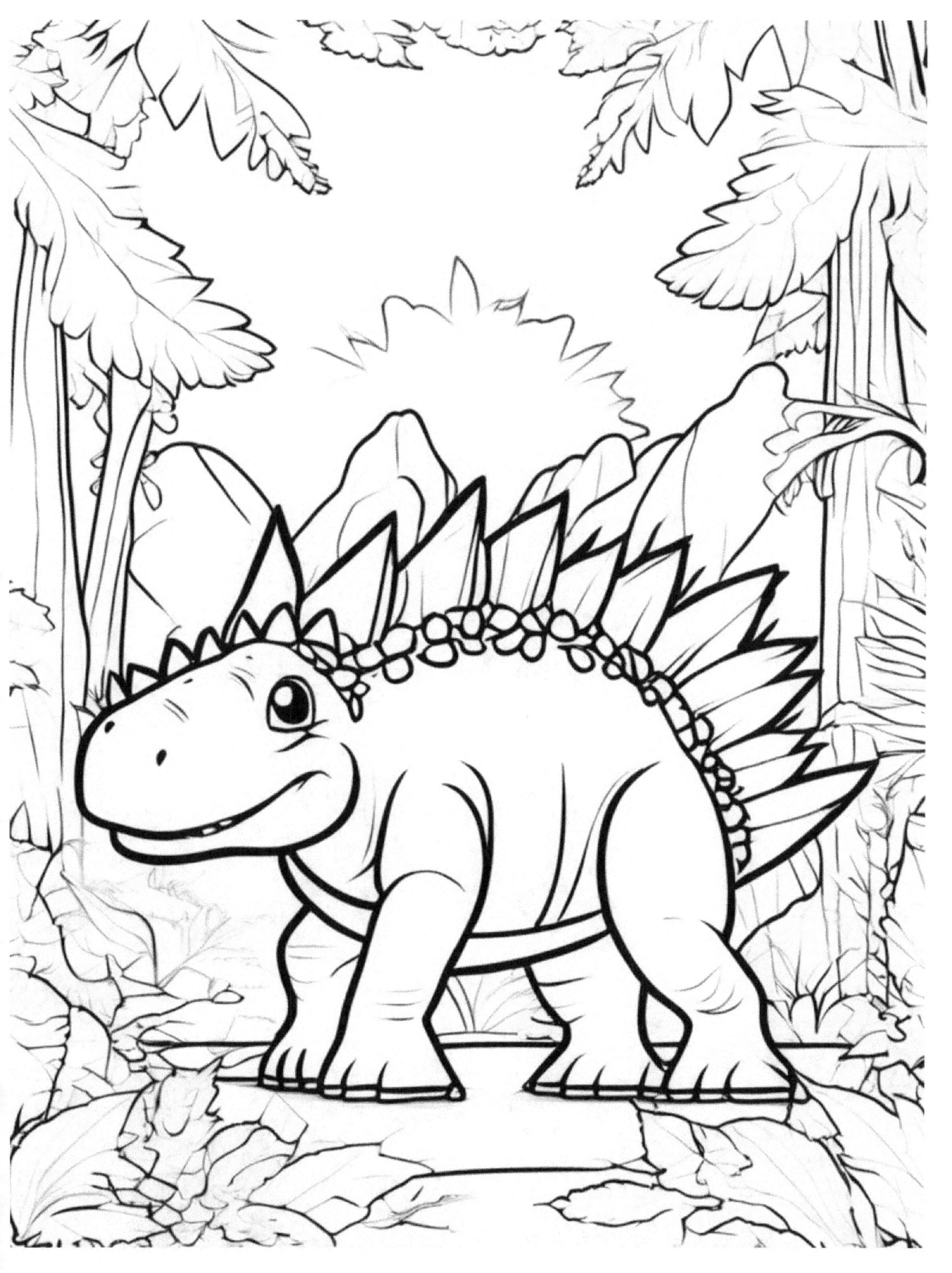

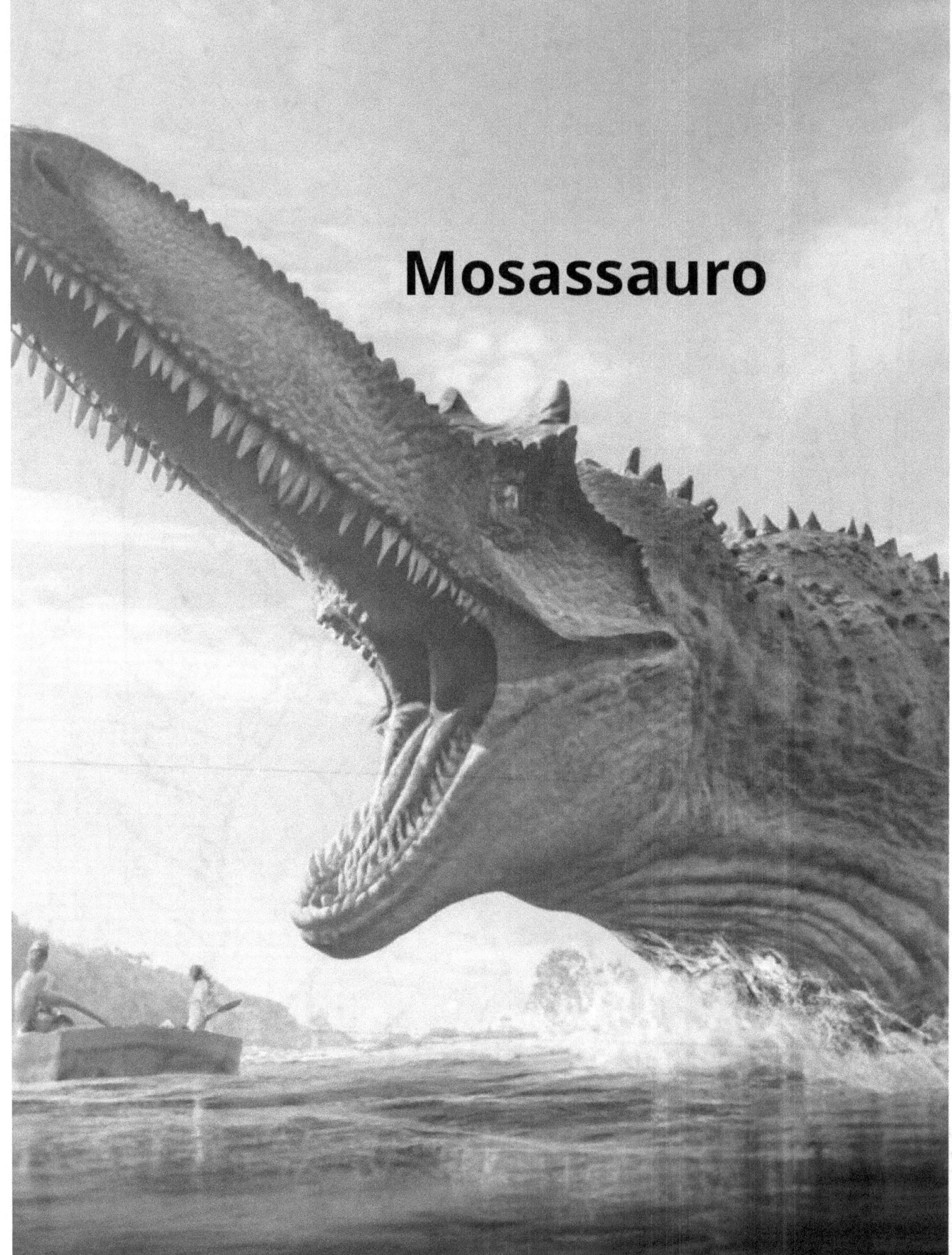
Mosassauro

## "Mosassauro: O Soberano dos Mares Cretáceos"

Em um mar cheio de mistérios na Era Cretácea, um predador marinho dominava as profundezas: o Mosassauro. Vamos embarcar em uma viagem subaquática para explorar os segredos deste gigante dos mares!

**A Magnificência do Mosassauro:** Imagine uma criatura marinha com uma cabeça impressionante, dentes afiados e um corpo alongado que cortava as águas com elegância. O Mosassauro era verdadeiramente o soberano dos mares cretáceos, exibindo uma magnificência única.

**Hábitos Alimentares e Caça Eficiente:** O Mosassauro era um predador voraz, alimentando-se principalmente de peixes, amonites, e até mesmo de outros répteis marinhos. Com dentes afiados e mandíbulas poderosas, era um caçador eficiente capaz de dominar as águas em busca de presas.

**Adaptação à Vida Marinha:** Ao contrário dos pliossauros, o Mosassauro não era um réptil que vivia na superfície do oceano, mas sim um nadador ágil, adaptado para a vida nas profundezas. Suas nadadeiras eram eficazes para manobras rápidas, tornando-o um dos principais predadores marinhos da sua época.

**Locais onde Reinava:** Fósseis de Mosassauros foram encontrados em diversos locais ao redor do mundo, indicando que esses predadores marinhos eram habitantes globais dos oceanos cretáceos. Suas pegadas fósseis contam a história de um tempo em que os mares eram governados por essas criaturas formidáveis.

**A Época dos Oceanos Profundos:** Ao explorar a época dos Mosassauros, somos transportados para um mundo onde os oceanos eram profundos e cheios de vida. Visualizem esses predadores marinhos cortando as águas escuras, criando um espetáculo magnífico nas profundezas dos mares cretáceos.

**Aventura Submarina:** Crianças aventureiras, mergulhem conosco nesta aventura submarina! Imaginem as profundezas dos oceanos cretáceos, onde o Mosassauro reina com majestade. Junte-se a nós para explorar os mistérios e maravilhas do Mosassauro, o soberano dos mares cretáceos!

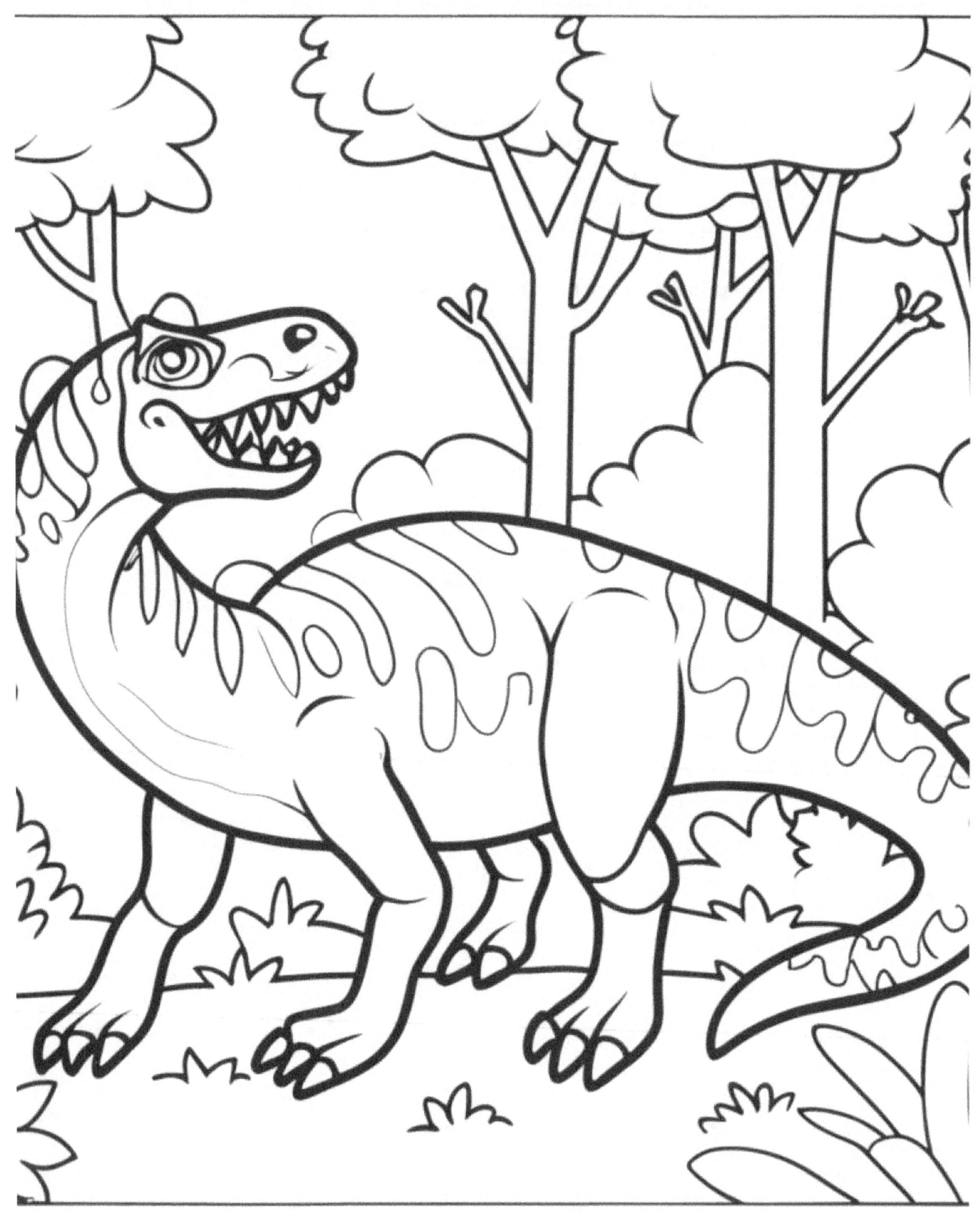

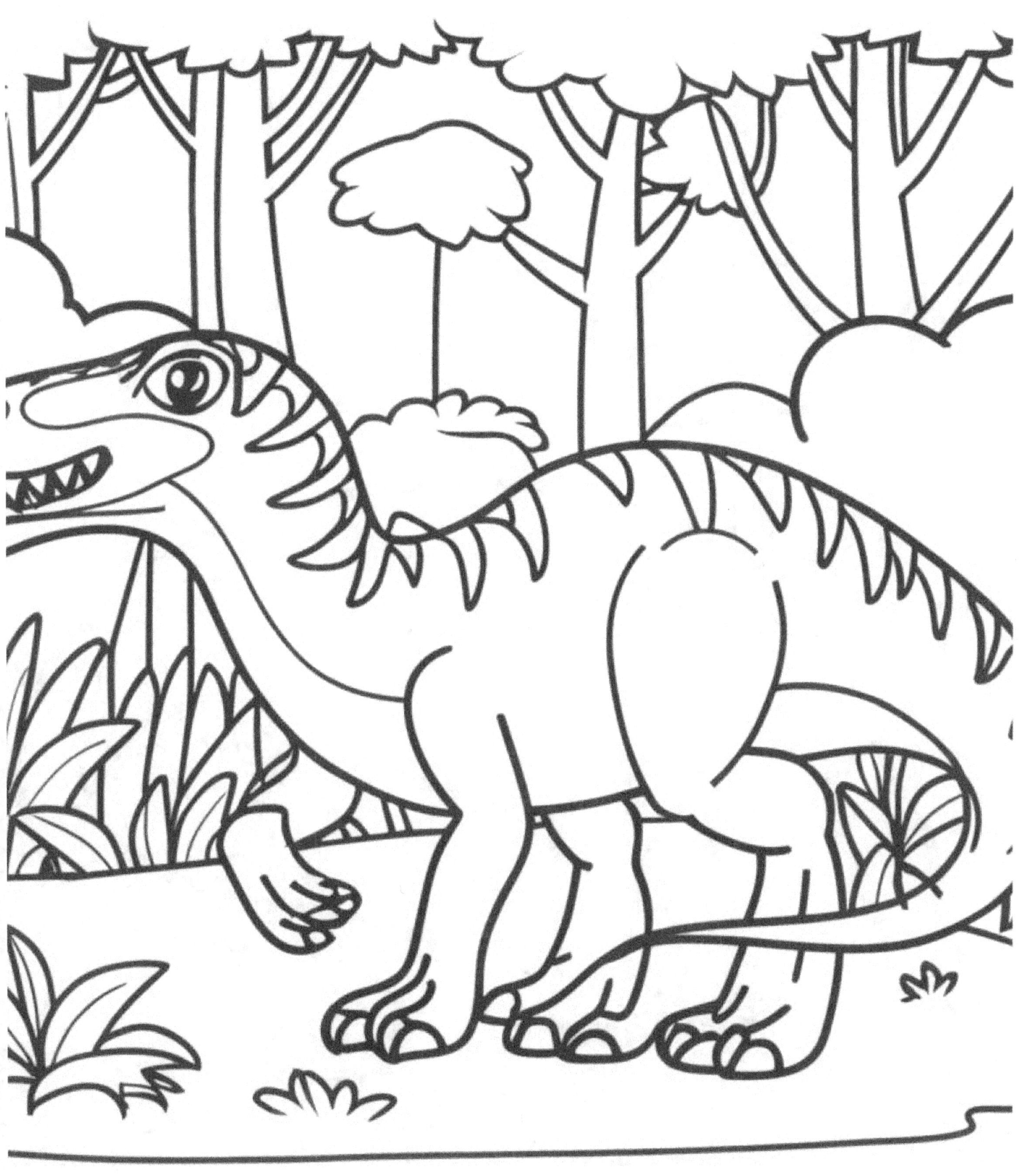

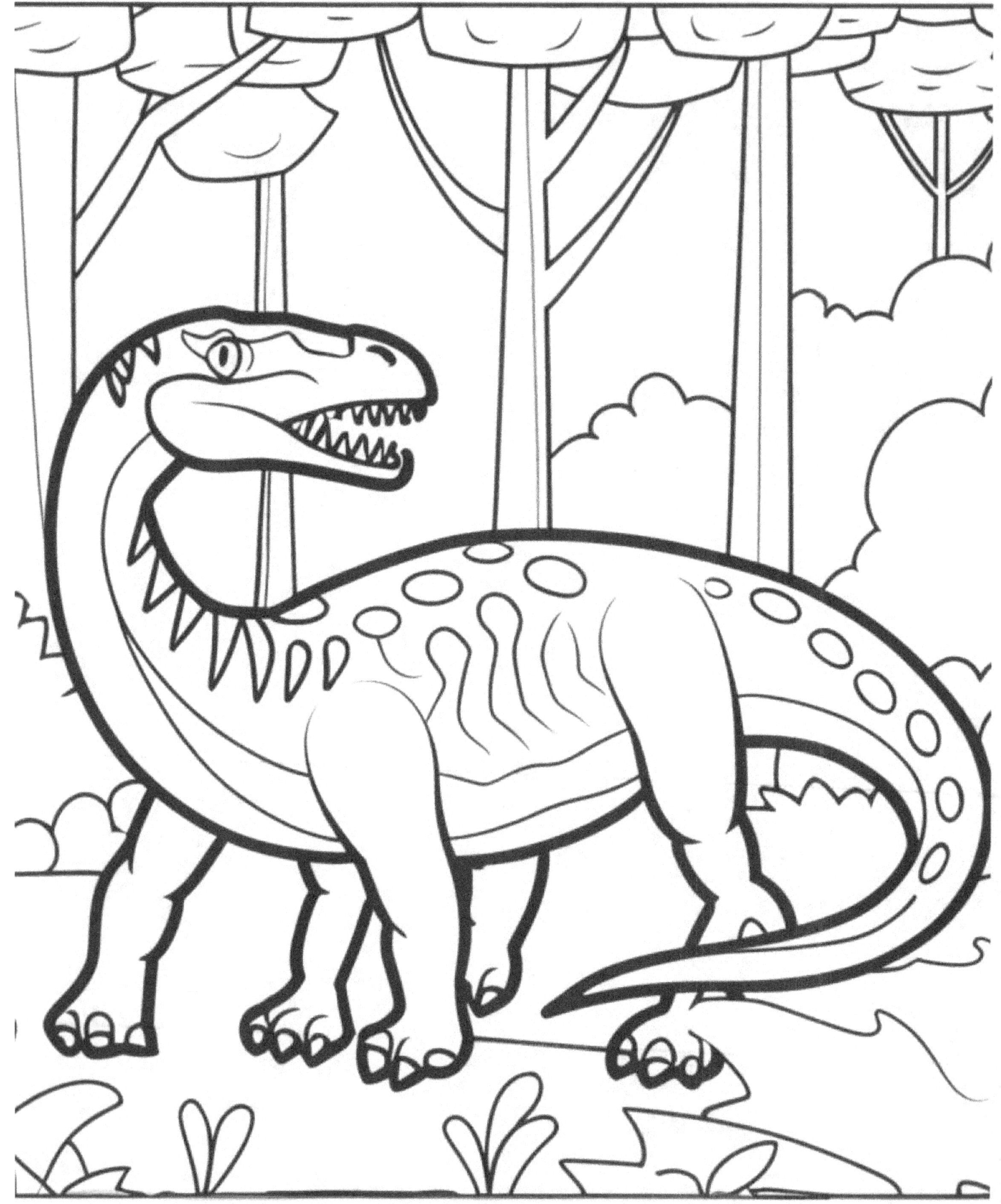

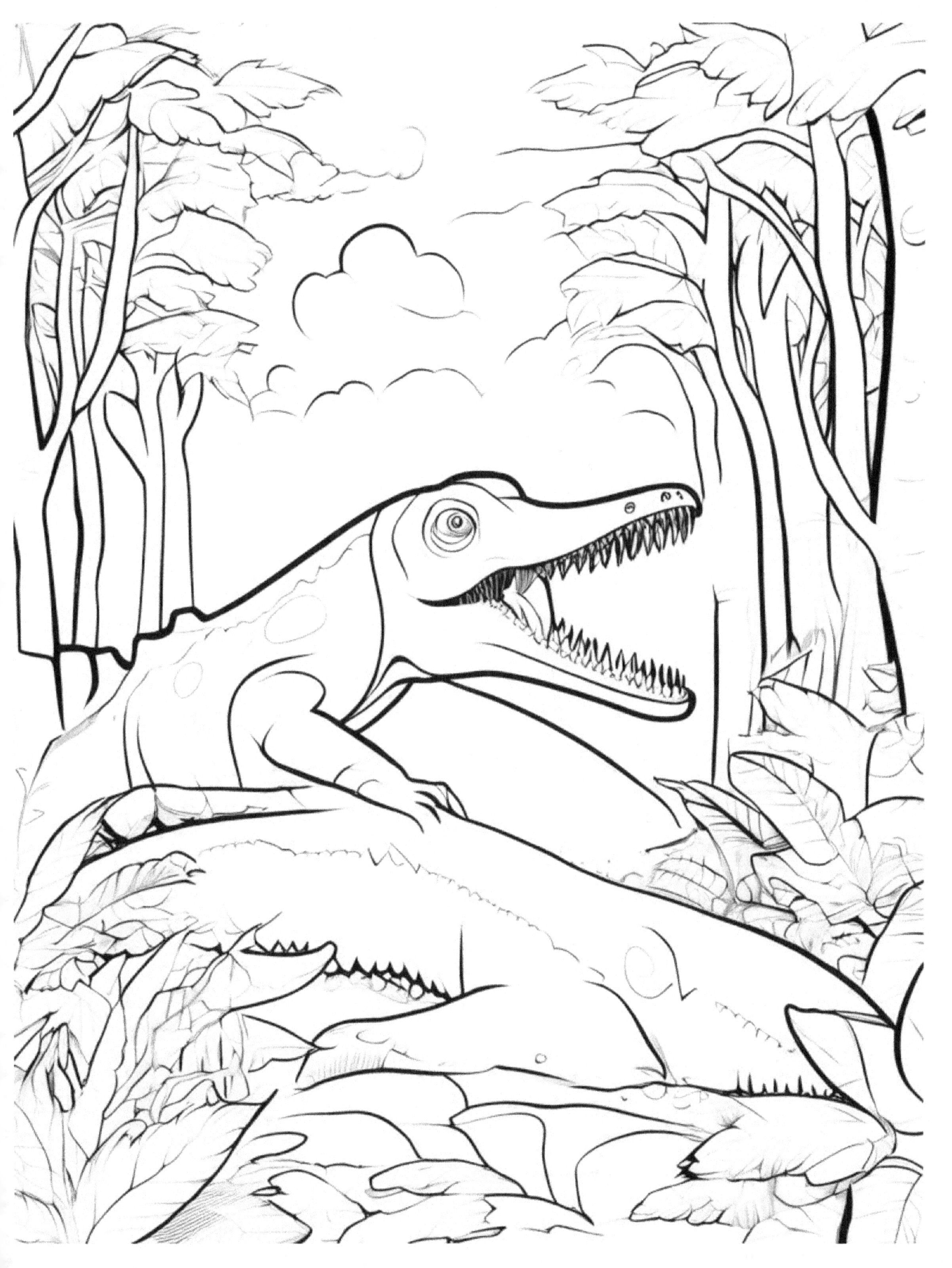

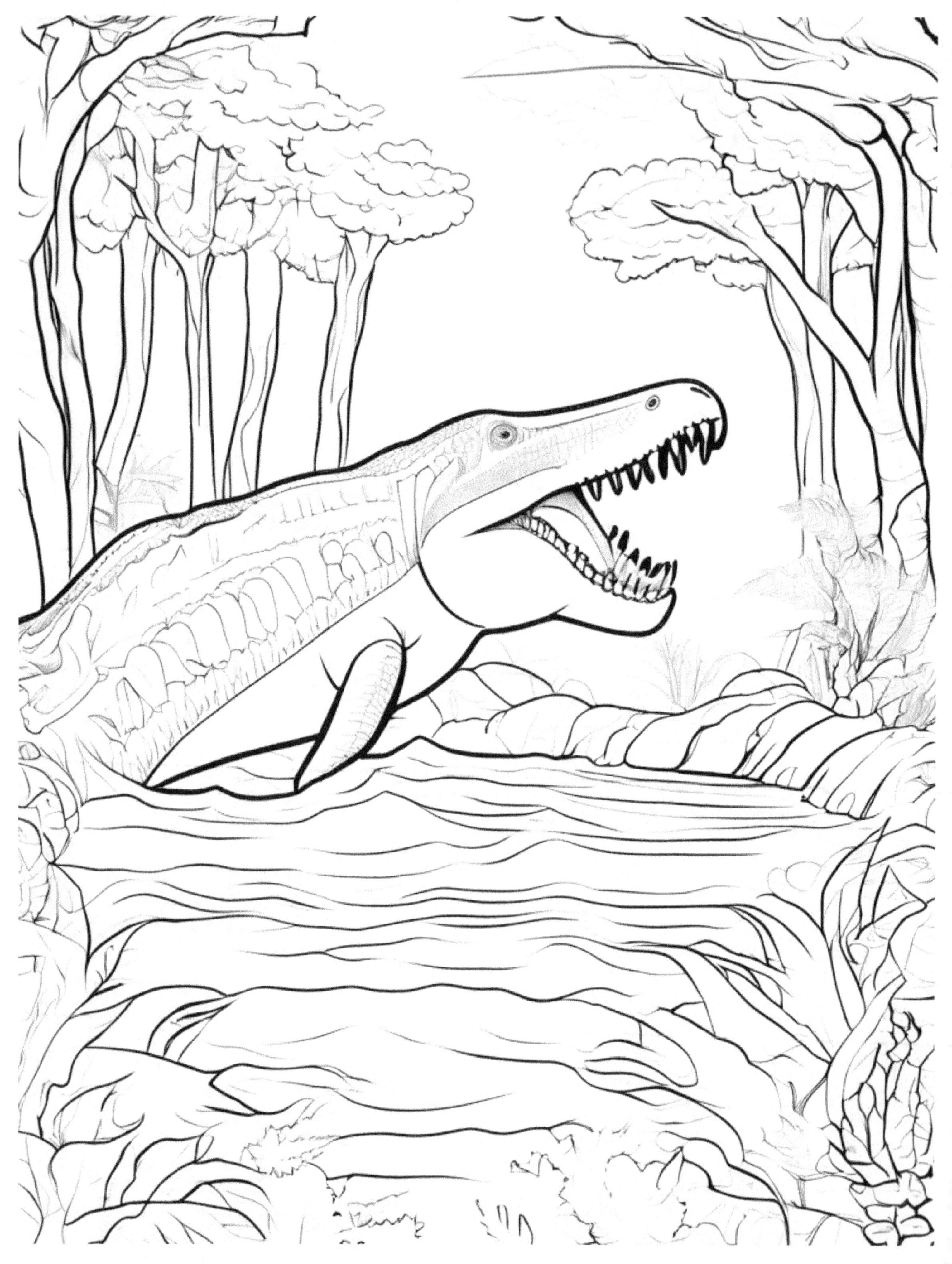

# Megalodonte

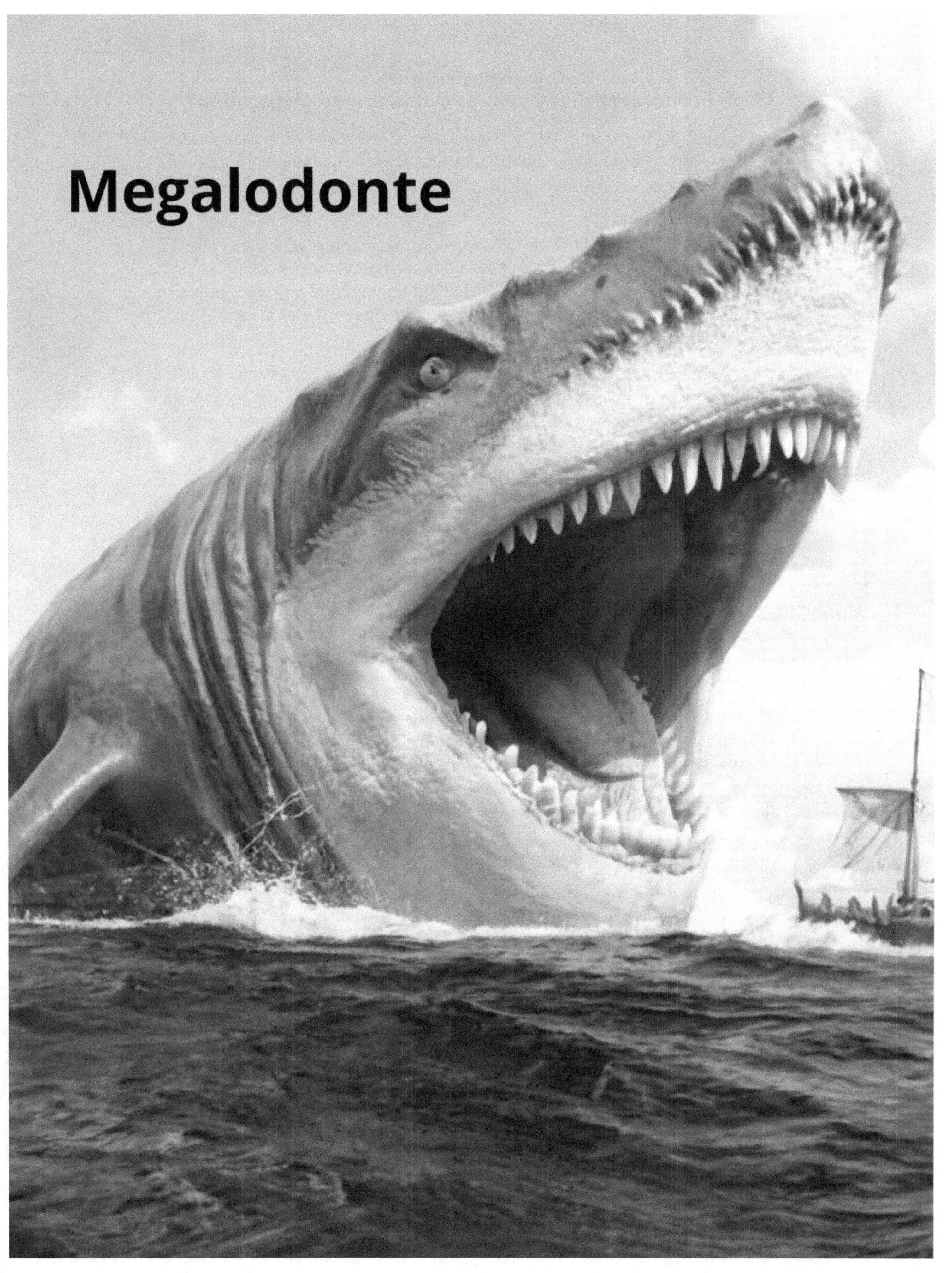

# "Nas Profundezas do Oceano: O Misterioso Megalodon"

Em um tempo muito distante, quando os oceanos eram vastos e inexplorados, um gigante das profundezas governava as águas: o temível Megalodon. Acompanhe-nos nesta jornada para descobrir os segredos deste incrível predador marinho!

**A Magnificência do Megalodon:** O Megalodon era uma verdadeira maravilha dos mares, um tubarão colossal que superava qualquer criatura marinha contemporânea. Com comprimentos que poderiam atingir até 20 metros ou mais, suas mandíbulas imponentes e dentes serrilhados transformavam-no no maior predador dos oceanos.

**Hábitos Alimentares:** Este gigante dos mares era um predador supremo, alimentando-se principalmente de grandes criaturas marinhas, como baleias e outros mamíferos marinhos. Sua incrível habilidade de caça e velocidade o tornava uma presença temível nas águas oceânicas.

**Como Viviam:** O Megalodon era uma máquina perfeita de sobrevivência, adaptada às vastas extensões dos oceanos pré-históricos. Acredita-se que ele percorria grandes distâncias em busca de presas, migrando de águas quentes para frias conforme a necessidade.

**Locais onde Viviam:** Os Megalodons habitavam oceanos ao redor do mundo, mas eram frequentemente associados a águas mais quentes. Fósseis e descobertas indicam que esses gigantes podem ter sido encontrados em diversas regiões, tornando-os verdadeiros senhores dos mares da era Cenozoica.

**A Extinção Misteriosa:** Apesar de seu domínio nos oceanos por milhões de anos, o Megalodon eventualmente desapareceu. A razão exata da sua extinção permanece um mistério, mas cientistas acreditam que mudanças climáticas e alterações na disponibilidade de presas podem ter desempenhado um papel crucial.

**Explorando as Profundezas:** Imaginem-se mergulhando nas profundezas oceânicas, encontrando o Megalodon em seu habitat natural. Que histórias incríveis ele teria para contar sobre os vastos e desconhecidos oceanos de antigamente? Crianças, preparem-se para uma aventura subaquática única, onde descobriremos os mistérios e encantos do Megalodon.

Junte-se a nós nesta expedição virtual para explorar as maravilhas e mistérios do Megalodon, um gigante que deixou sua marca indelével nas páginas da história oceânica da Terra.

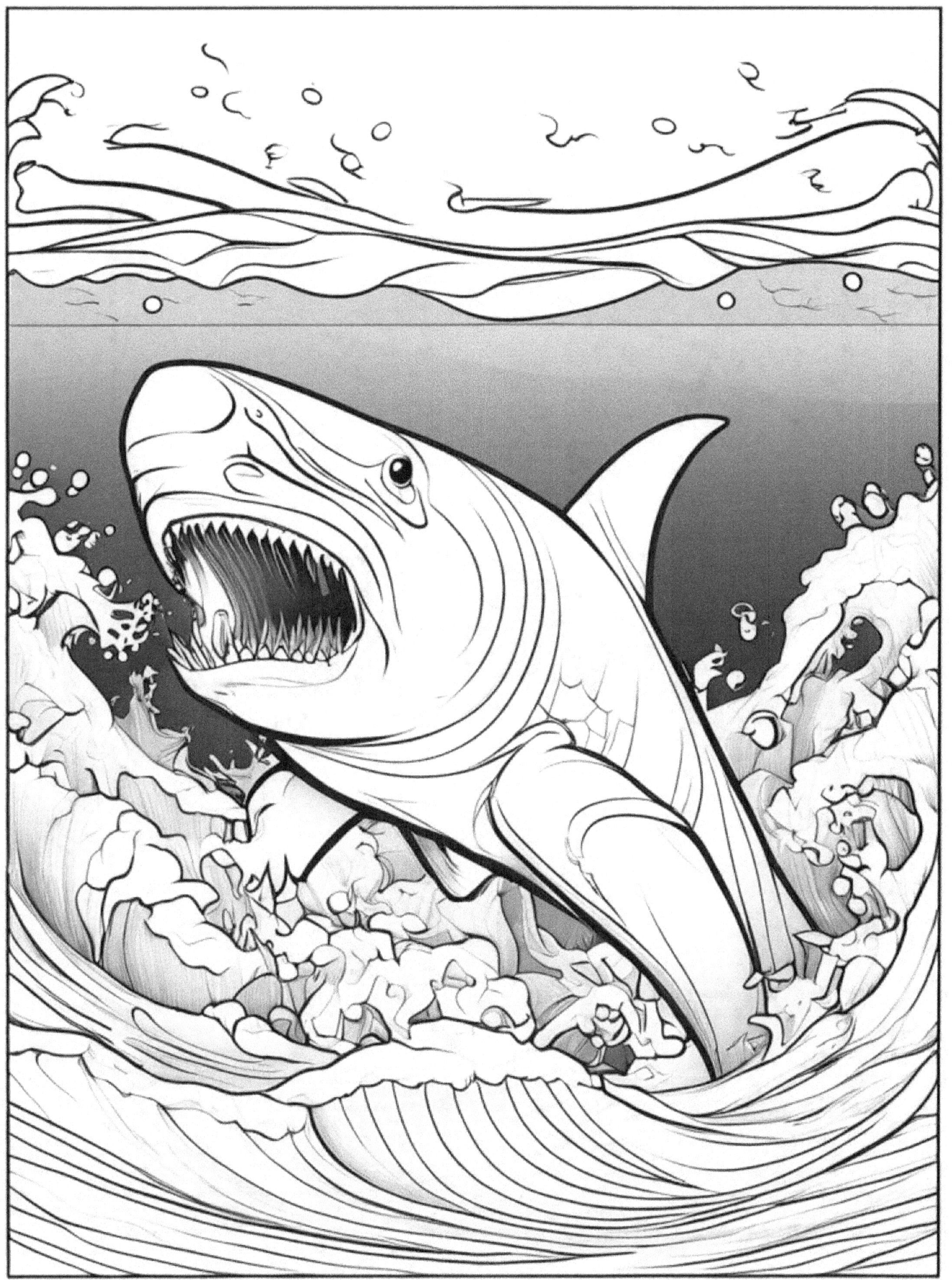

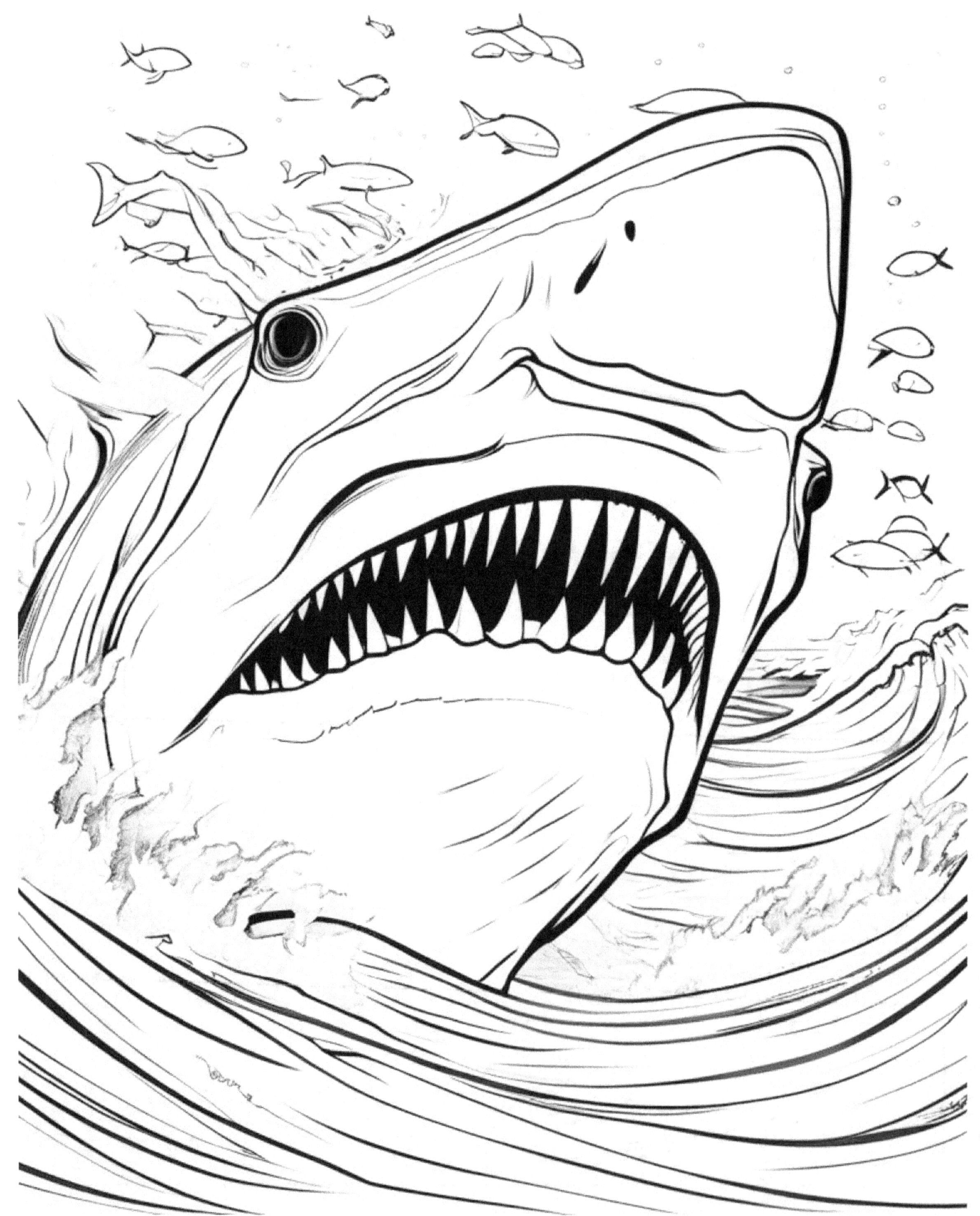

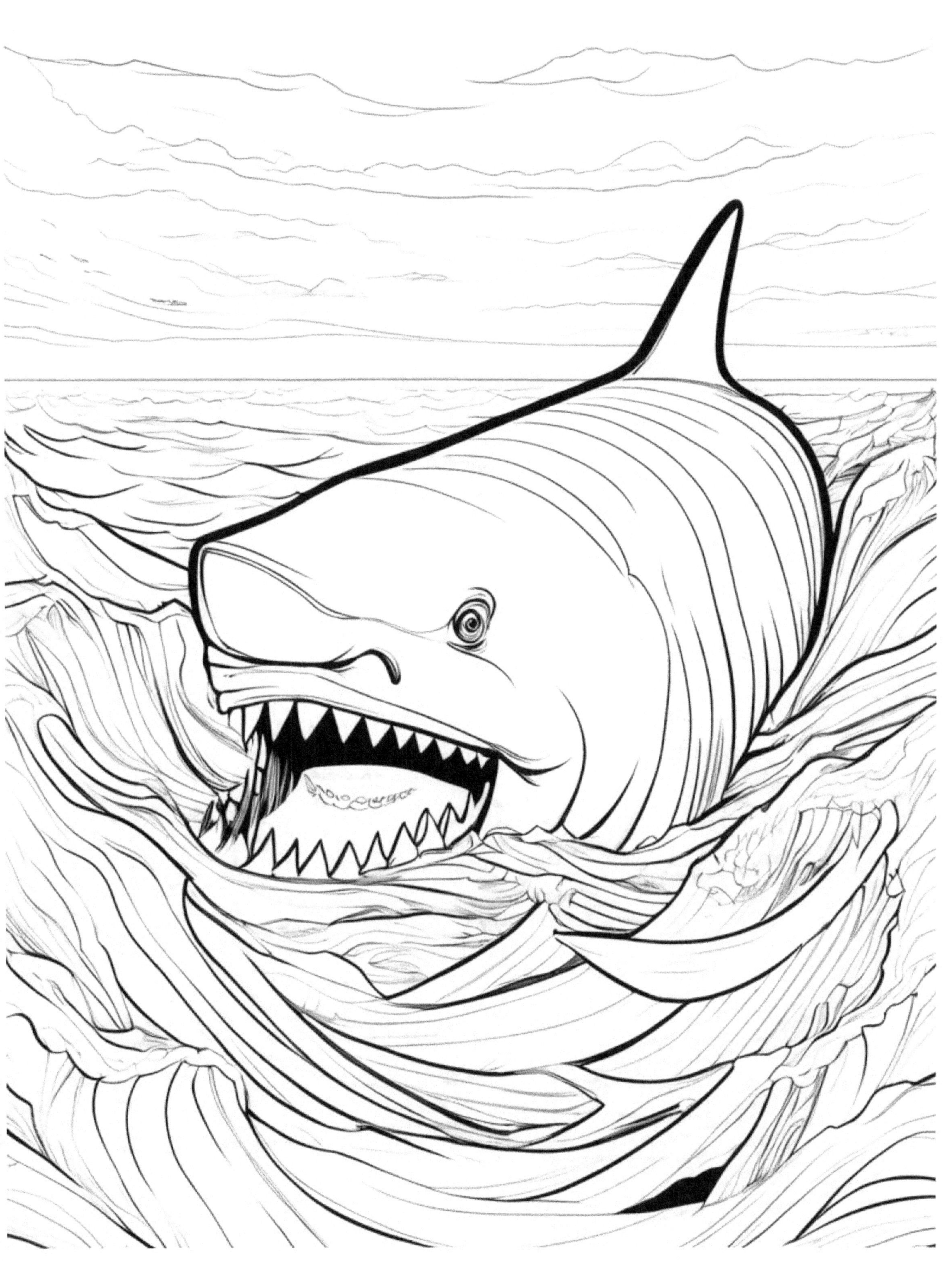

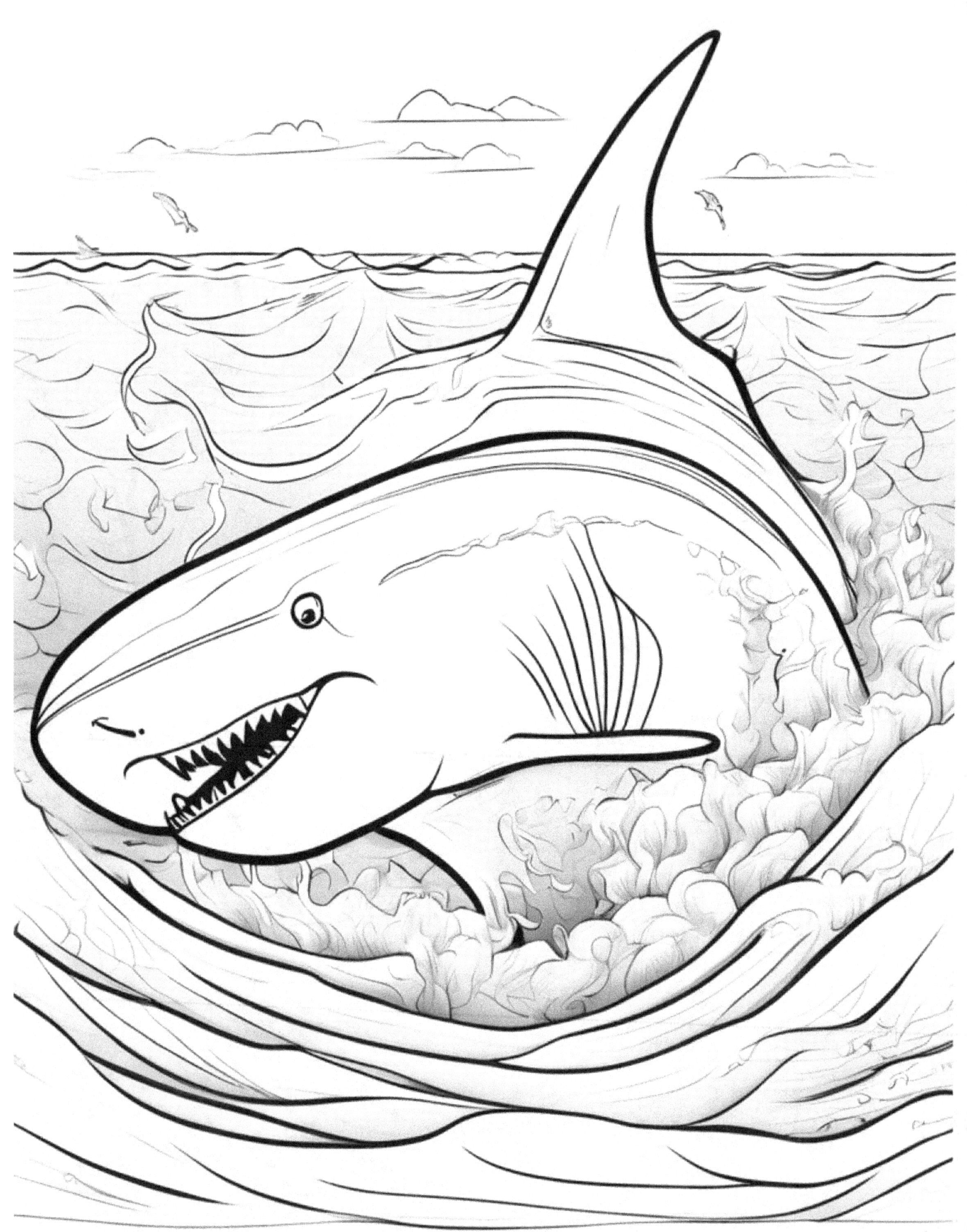

# Cachalote

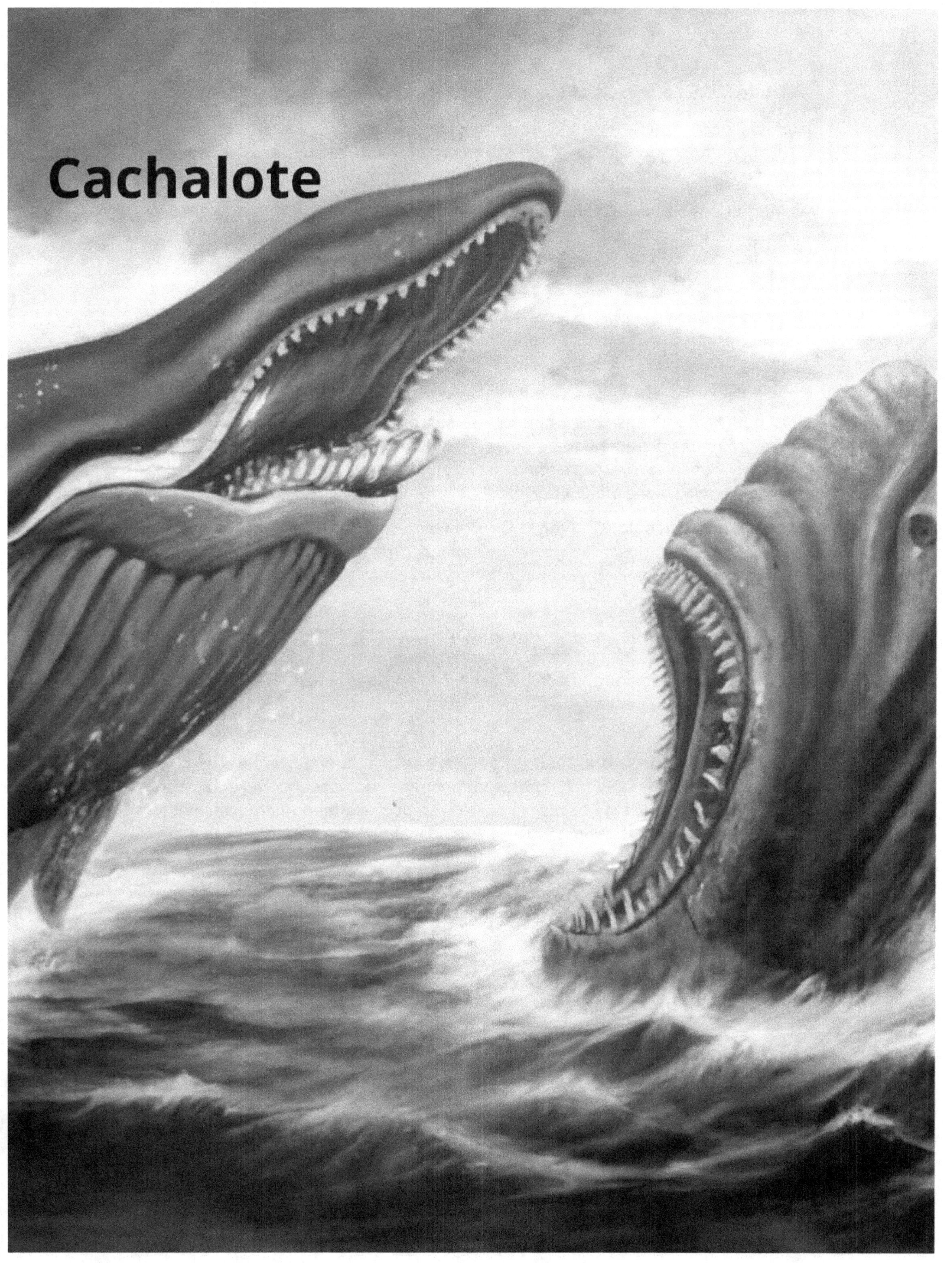

**Título: "Cachalote: Os Mistérios Profundos do Gigante dos Oceanos"**

Nas vastidões azuis e misteriosas dos oceanos, um gigante das profundezas governa as águas: o Cachalote. Vamos mergulhar nas profundezas do oceano para descobrir os segredos e maravilhas deste magnífico cetáceo.

**A Magnificência do Cachalote:** Imaginem uma baleia com uma enorme cabeça, mandíbulas poderosas e uma cauda distintiva. O Cachalote é verdadeiramente magnífico, destacando-se como o maior predador dos oceanos e um mestre nas profundezas submarinas.

**Hábitos de Caça e Dieta Poderosa:** O Cachalote é conhecido por suas incríveis habilidades de caça, alimentando-se principalmente de lulas gigantes e outros animais marinhos. Suas mandíbulas são adaptadas para a caça nas profundezas escuras, onde sua presa pode ser encontrada em abundância.

**Vida nas Profundezas dos Oceanos:** Essas majestosas criaturas habitam as águas profundas ao redor do mundo, mergulhando a grandes profundidades em busca de alimento. Sua capacidade de explorar as regiões mais remotas dos oceanos faz do Cachalote um explorador destemido das águas escuras.

**Locais Onde Cachalote Navega:** Os Cachalotes podem ser encontrados em todos os oceanos, desde as águas geladas do Ártico até as regiões tropicais. Suas migrações abrangem vastas distâncias, cruzando os mares em busca de alimento e companheirismo.

**A Canção Profunda e as Comunidades Sociais:** Os Cachalotes são conhecidos por suas complexas vocalizações, produzindo uma "canção profunda" que ressoa através dos oceanos. Além disso, eles vivem em grupos sociais chamados "bando" ou "escol", formando laços duradouros entre os membros da comunidade.

**Aventura Submarina com Cachalote:** Crianças aventureiras, fechem os olhos e imaginem-se mergulhando nas profundezas do oceano ao lado dos Cachalotes. Visualizem esses gigantes gentis nadando graciosamente, explorando os abismos submarinos e compartilhando suas canções profundas.

Juntem-se a nós nesta jornada submarina para explorar os mistérios e maravilhas do Cachalote, o gigante dos oceanos, uma criatura cuja presença profunda ecoa nas águas do nosso planeta azul.

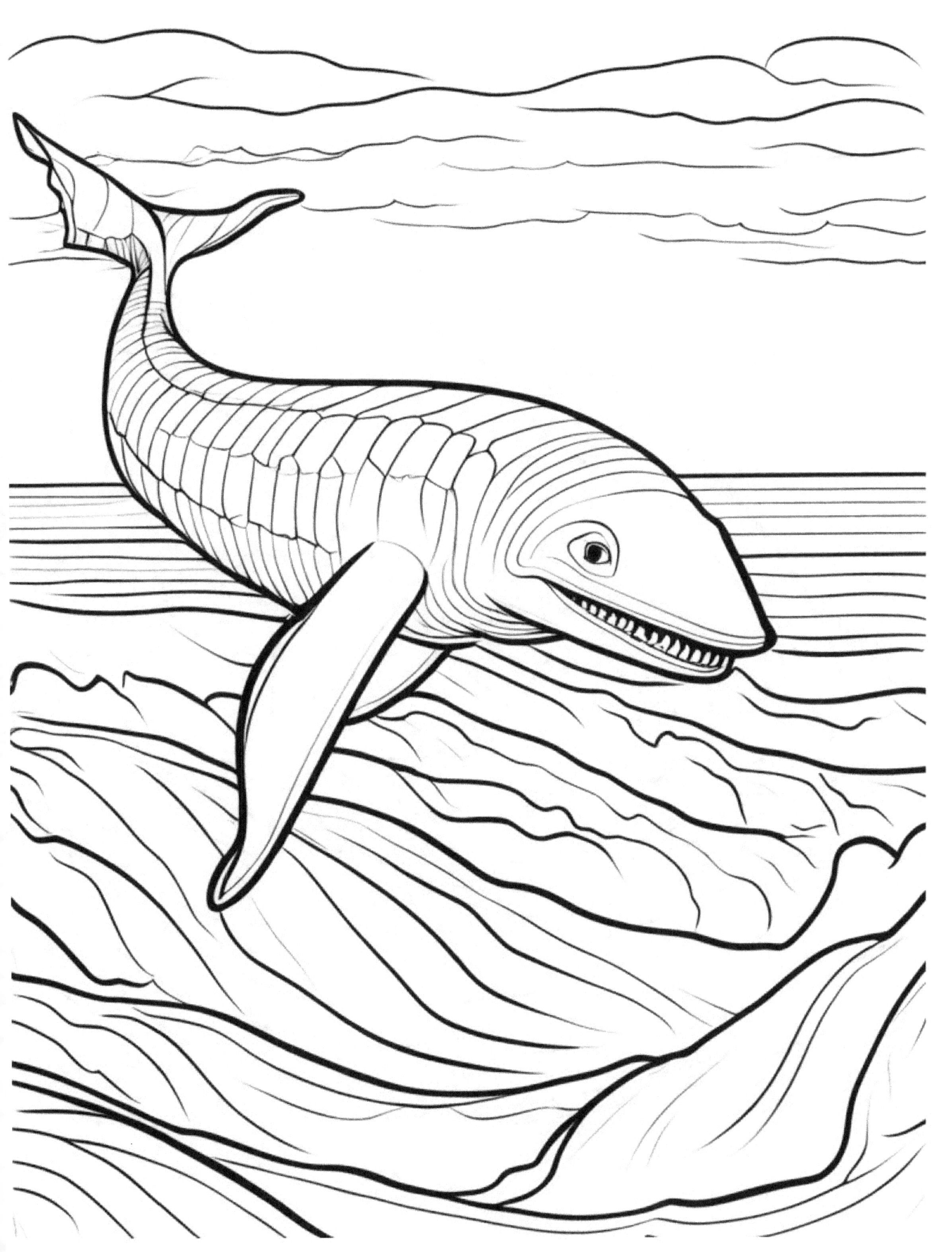

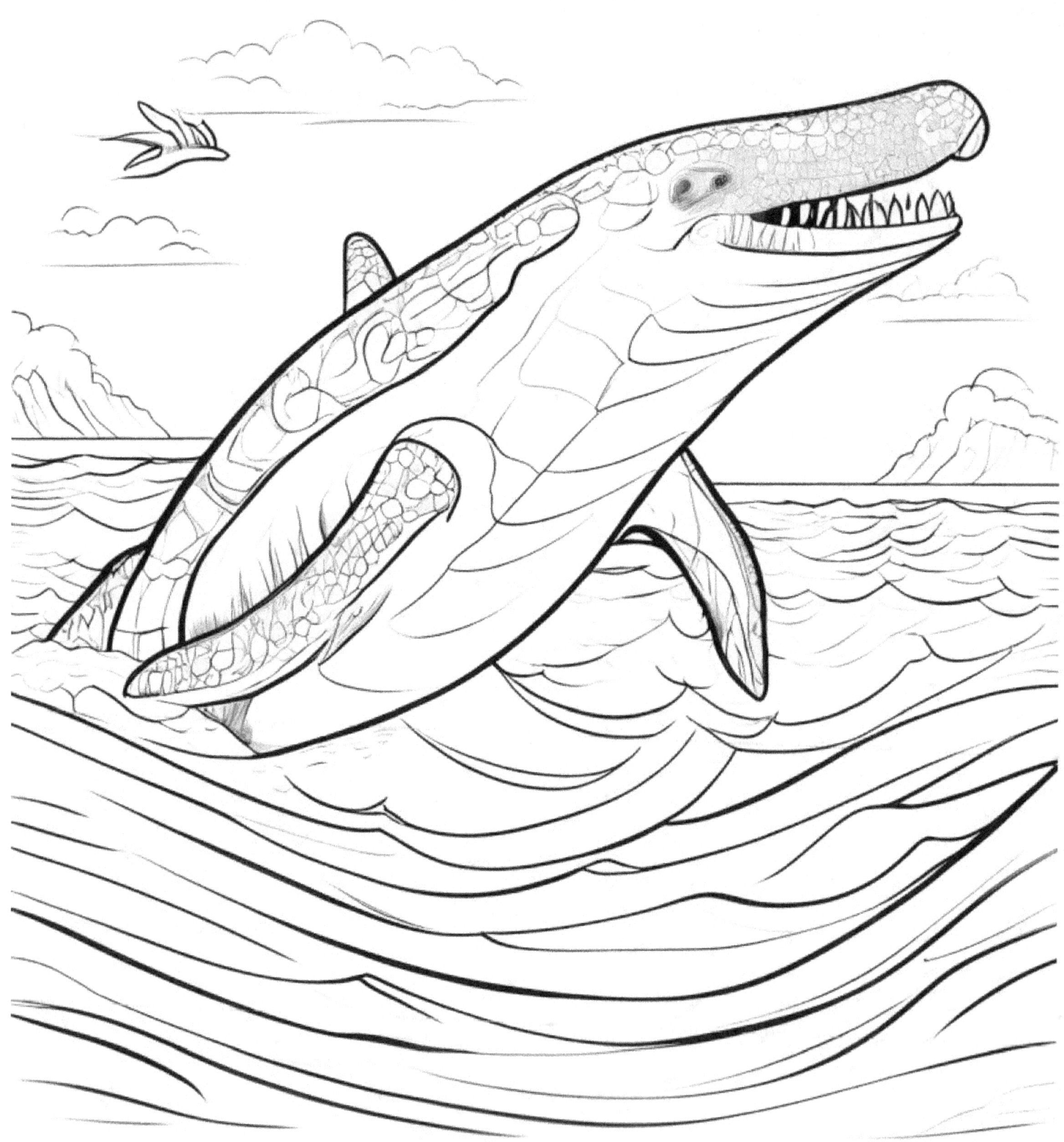

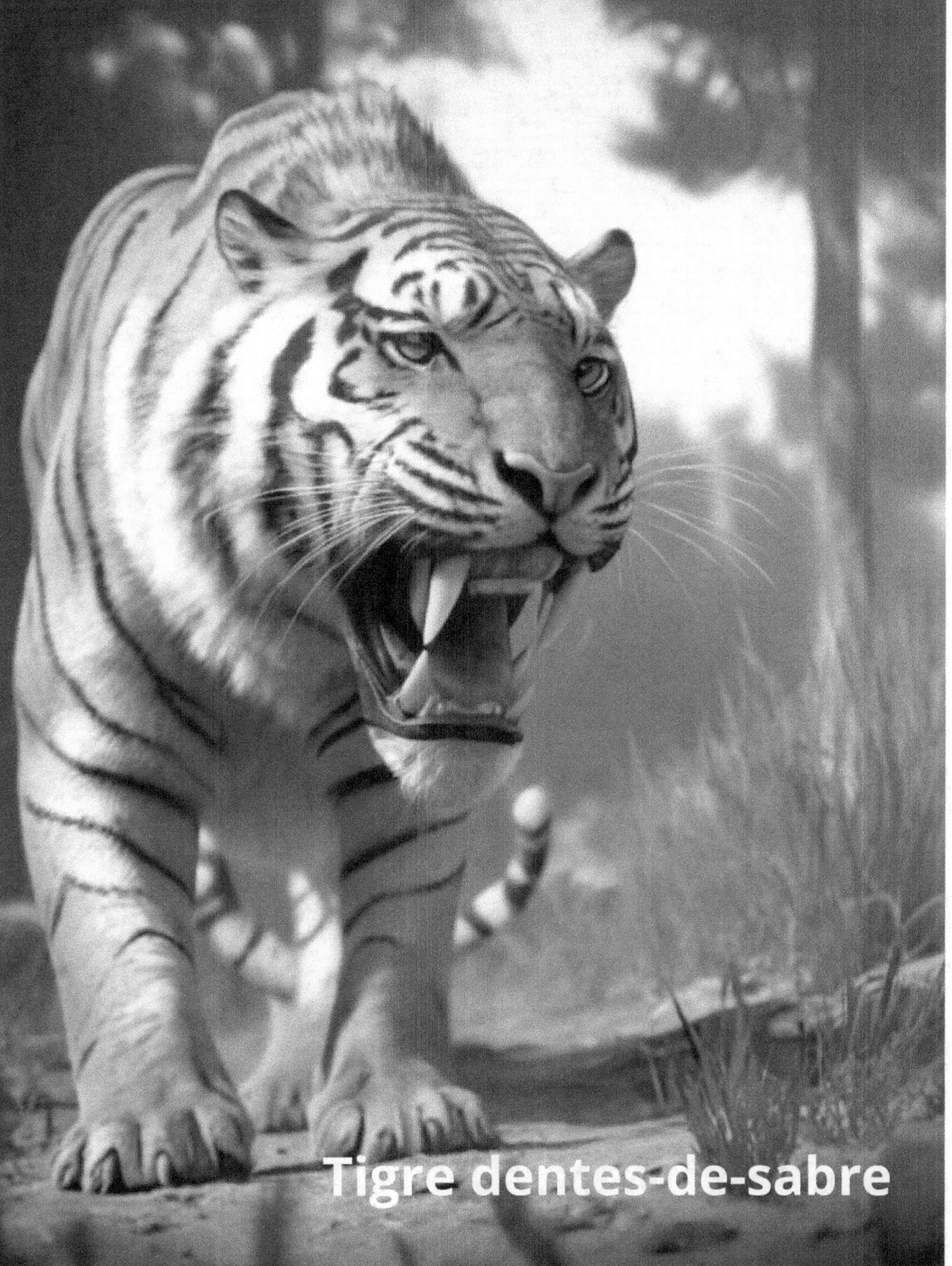

Tigre dentes-de-sabre

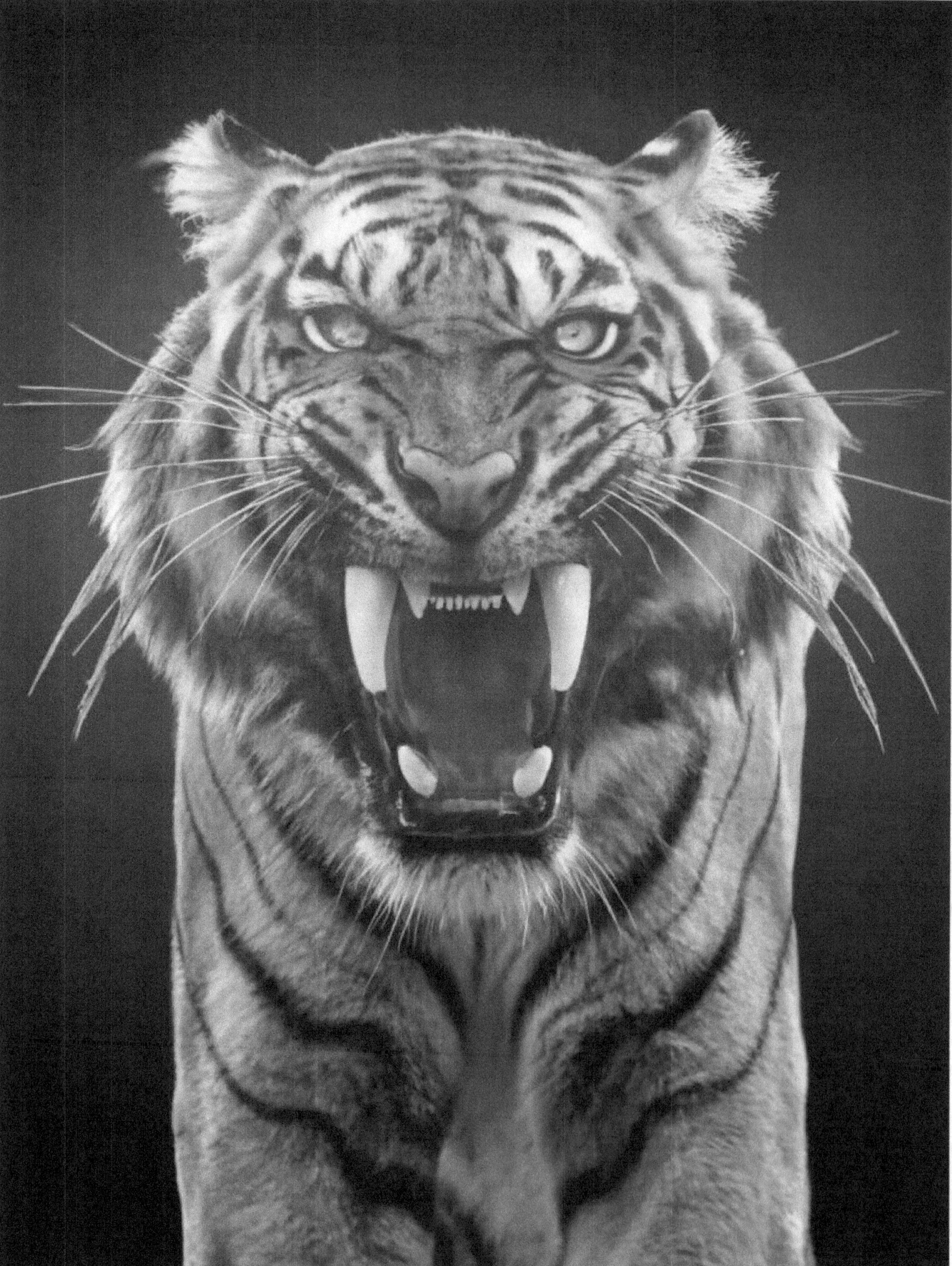

**"Tigre-dentes-de-sabre: O Caçador da Era do Gelo"**

Em uma era congelada, onde a Terra era um vasto reino de gelo, um predador extraordinário se destacava nas paisagens gélidas: o Tigre-dentes-de-sabre. Acompanhe-nos em uma jornada pelas terras geladas para desvendar os segredos deste formidável caçador da Era do Gelo!

**A Majestade do Tigre-dentes-de-sabre:** Imagine um felino de tamanho imponente, com presas longas e afiadas que se projetavam como sabres, pronto para cortar através do frio congelante. O Tigre-dentes-de-sabre era verdadeiramente um símbolo de majestade e perigo na tundra gelada.

**Hábitos de Caça e Presas Poderosas:** O Tigre-dentes-de-sabre era um caçador habilidoso, especializado em emboscar suas presas. Suas presas alongadas eram adaptadas para perfurar a carne das presas, incluindo mamutes, bisões e outros animais da época. Esses felinos eram verdadeiros mestres da caça na paisagem glacial.

**Adaptação ao Clima Frio:** Para enfrentar as condições adversas da Era do Gelo, o Tigre-dentes-de-sabre possuía uma pelagem densa e espessa, proporcionando isolamento contra o frio intenso. Sua capacidade de se adaptar a ambientes tão hostis é um testemunho de sua resiliência e habilidade de sobrevivência.

**Locais onde Caçava:** Fósseis do Tigre-dentes-de-sabre foram encontrados em várias partes do mundo, desde a América do Norte até a Europa e a Ásia. Esses felinos caçavam em uma variedade de ambientes, desde as vastas estepes até as florestas boreais da Era do Gelo.

**A Época Glacial:** Ao explorar a era do Tigre-dentes-de-sabre, somos transportados para um mundo coberto por gelo, onde a vida lutava para sobreviver em meio às condições extremas. Visualize esses felinos majestosos percorrendo as vastas extensões de terras congeladas, caçando nas sombras da noite polar.

**Aventura na Tundra Gelada:** Aventureiros destemidos, juntem-se a nós nesta jornada pela tundra gelada! Imaginem as vastas planícies brancas, onde o Tigre-dentes-de-sabre reinava como o soberano da noite. Venham conosco explorar os mistérios e maravilhas deste predador impressionante da Era do Gelo, uma verdadeira lenda das eras passadas!

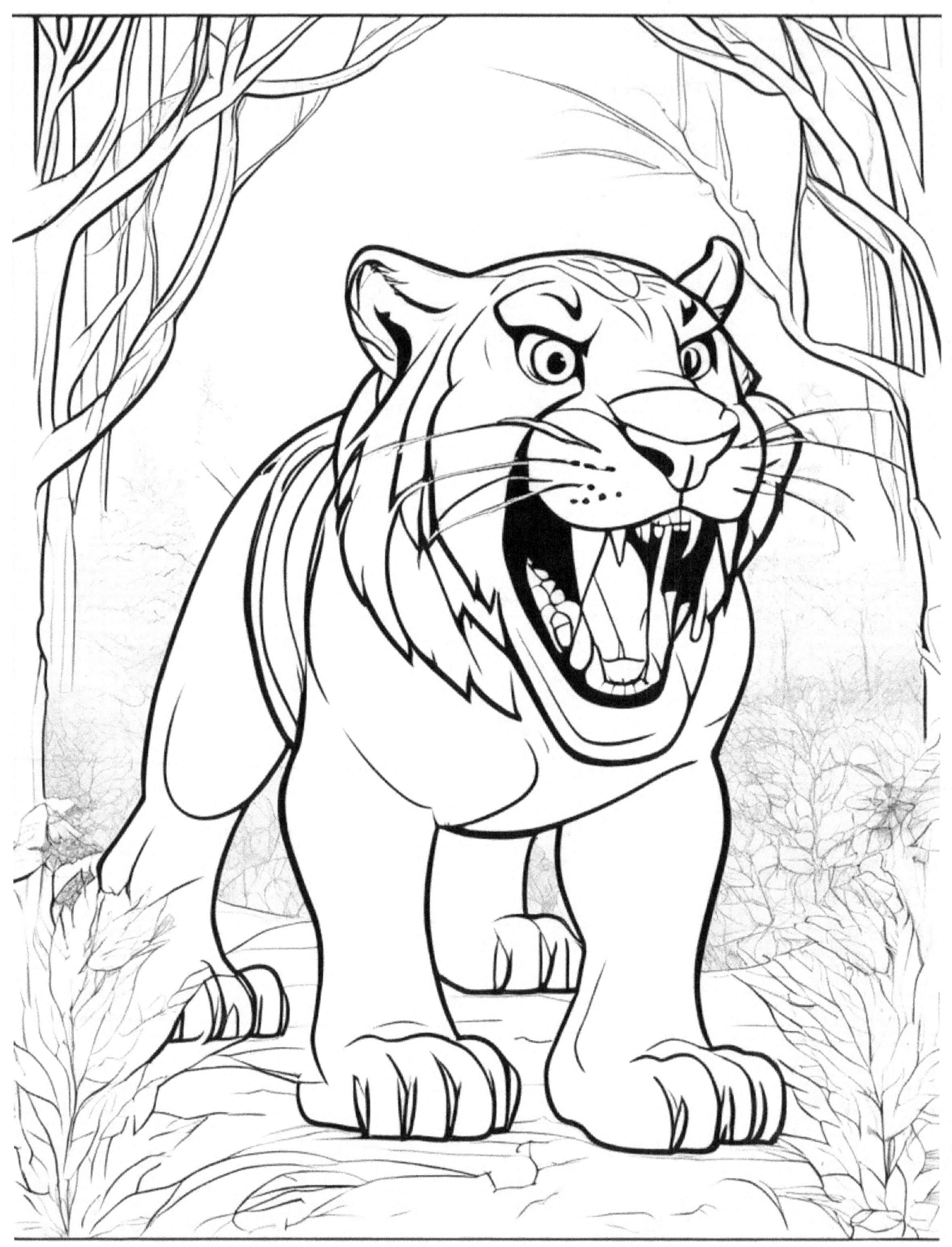

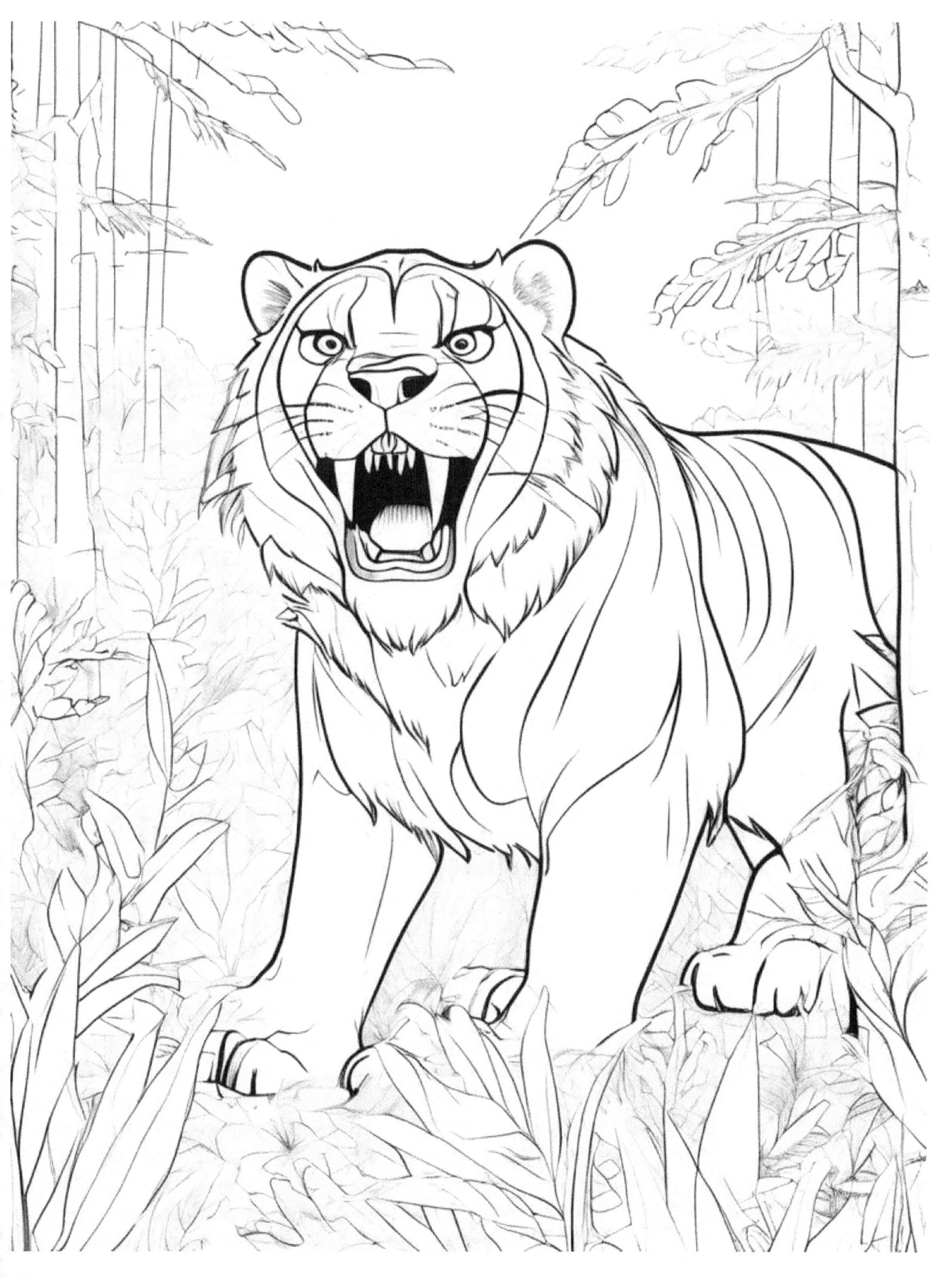

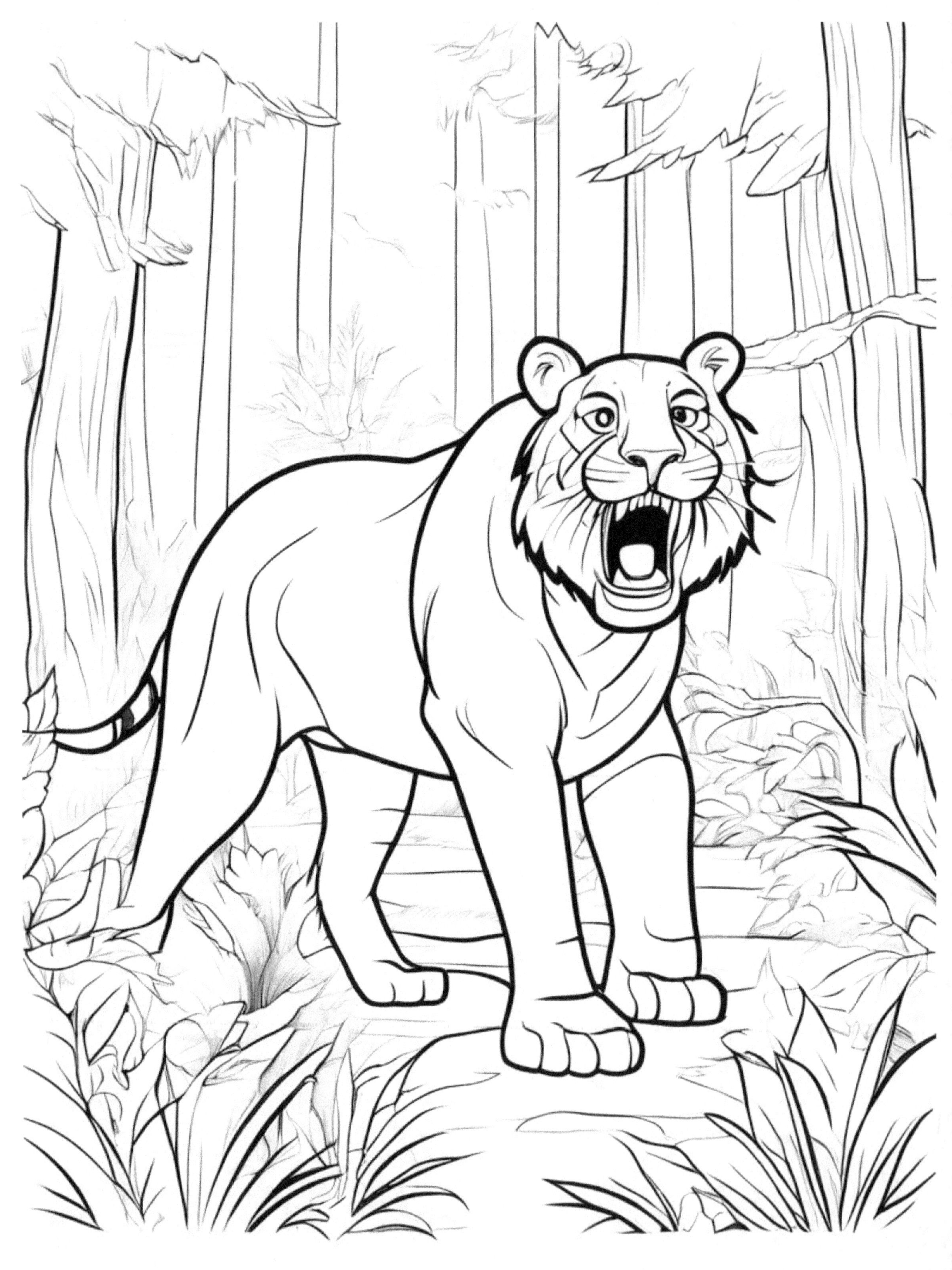

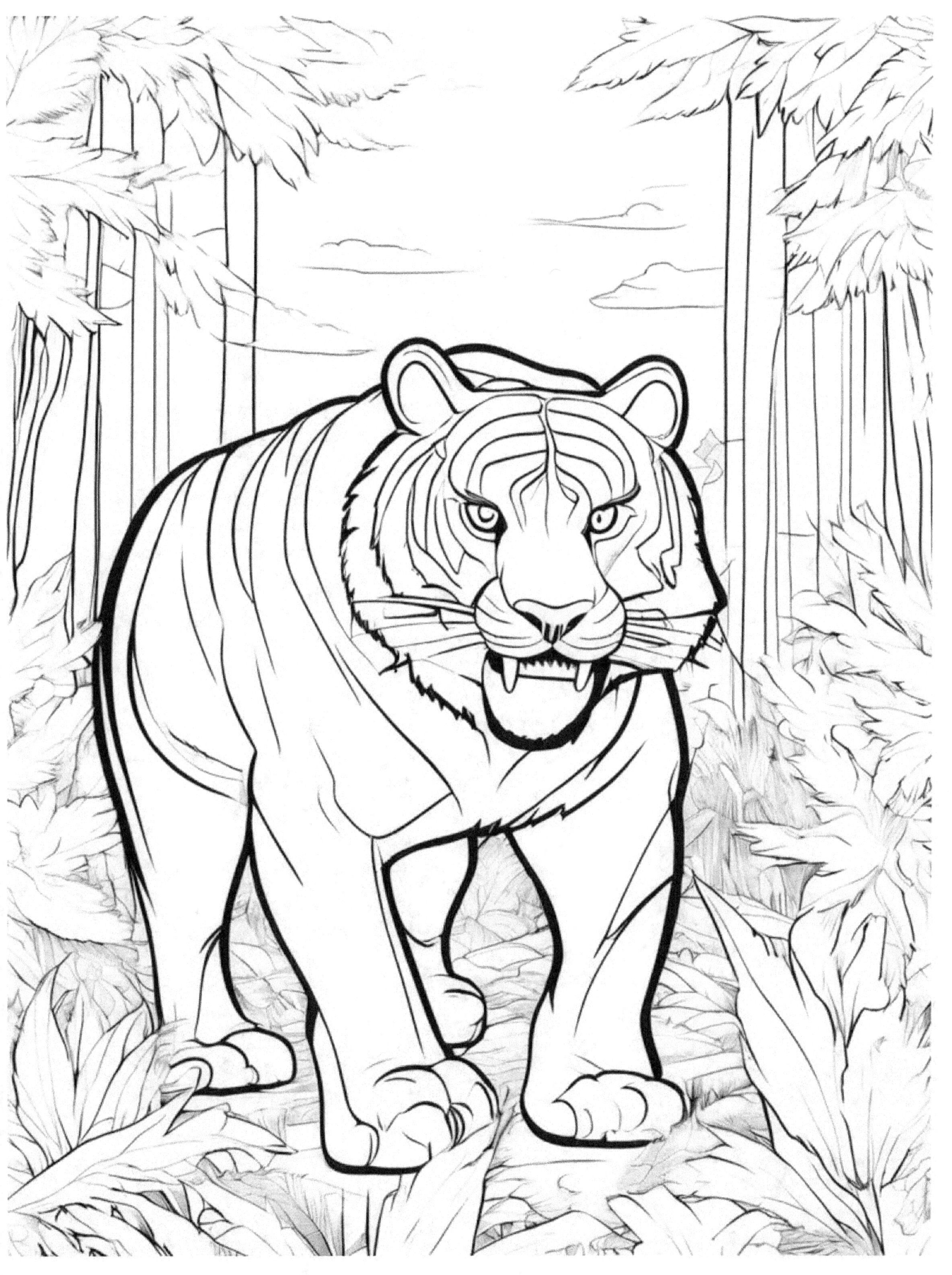

# Titanoboa

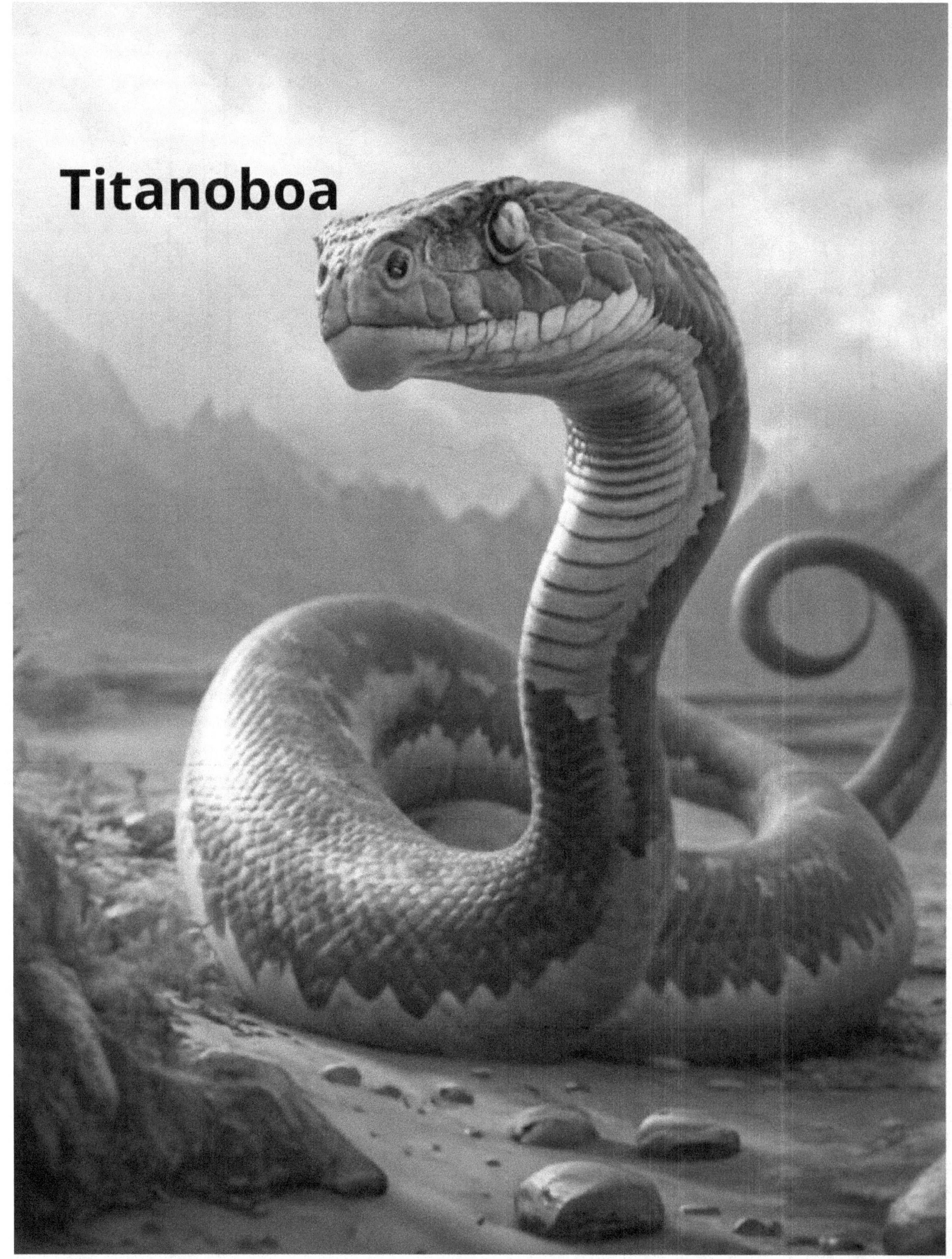

**Título: "Titanoboa: A Serpente Colossal dos Pântanos Pré-Históricos"**

Num passado remoto, quando os pântanos eram vastos e os rios sinuosos, uma criatura extraordinária deslizava pelas águas: a Titanoboa. Vamos explorar os mistérios dessas serpentes colossais que governavam os ecossistemas pré-históricos.

**A Magnificência da Titanoboa:** Visualizem uma serpente colossal, com um comprimento impressionante e um corpo maciço que cortava as águas com graciosidade. A Titanoboa era verdadeiramente uma maravilha da natureza, uma serpente gigante que desafiava todas as expectativas.

**Hábitos Alimentares e Caça na Água:** A Titanoboa era uma predadora temível, alimentando-se principalmente de peixes e outros animais aquáticos. Com seu tamanho imponente, ela reinava como a principal predadora em seu habitat, caçando estrategicamente nas águas tranquilas dos pântanos pré-históricos.

**Vida nos Pântanos Pré-Históricos:** Essas serpentes colossais habitavam os pântanos e rios da América do Sul, em uma época em que o clima era mais quente e úmido. Seu corpo maciço e sua habilidade de nadar faziam dela uma mestre nos ambientes aquáticos.

**Locais Onde Titanoboa Reinava:** Fósseis da Titanoboa foram descobertos na Colômbia, sugerindo que essas serpentes colossais eram soberanas nos pântanos pré-históricos da América do Sul. Seus vestígios fósseis contam a história de um tempo onde as águas eram governadas por predadores gigantes.

**Altura e Peso Impressionantes:** A Titanoboa alcançava comprimentos surpreendentes, chegando a mais de 12 metros. Com seu corpo robusto, podia pesar mais de uma tonelada. Essas dimensões faziam dela a maior serpente conhecida da história.

**Aventura Aquática com Titanoboa:** Crianças aventureiras, fechem os olhos e imaginem-se navegando pelos pântanos pré-históricos ao lado da Titanoboa. Visualizem essa serpente colossal deslizando nas águas escuras, uma verdadeira soberana dos rios antigos.

Juntem-se a nós nesta aventura emocionante para explorar os mistérios e maravilhas da Titanoboa, a serpente colossal dos pântanos pré-históricos, uma criatura que deixou uma marca duradoura na história da vida na Terra.

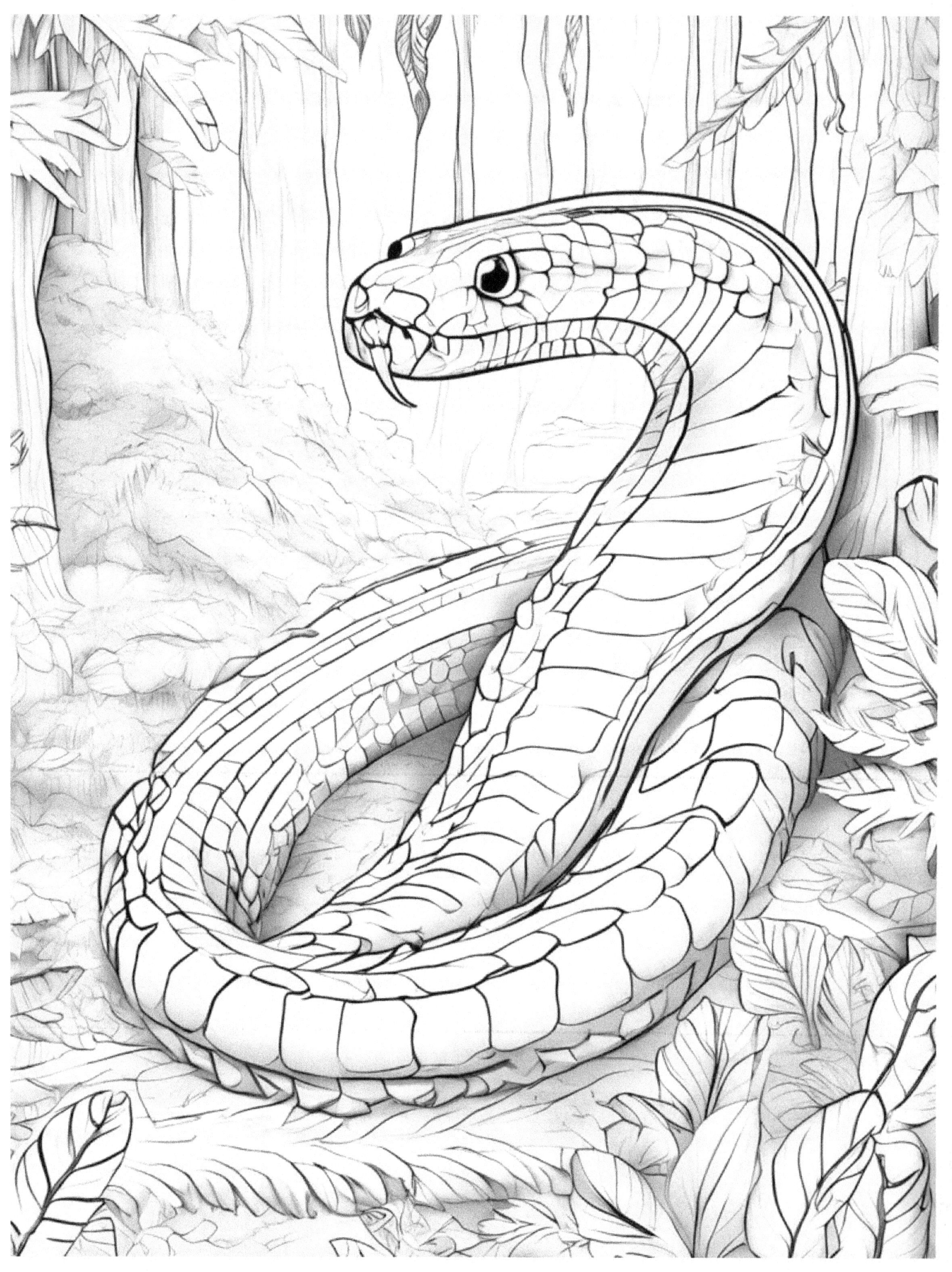

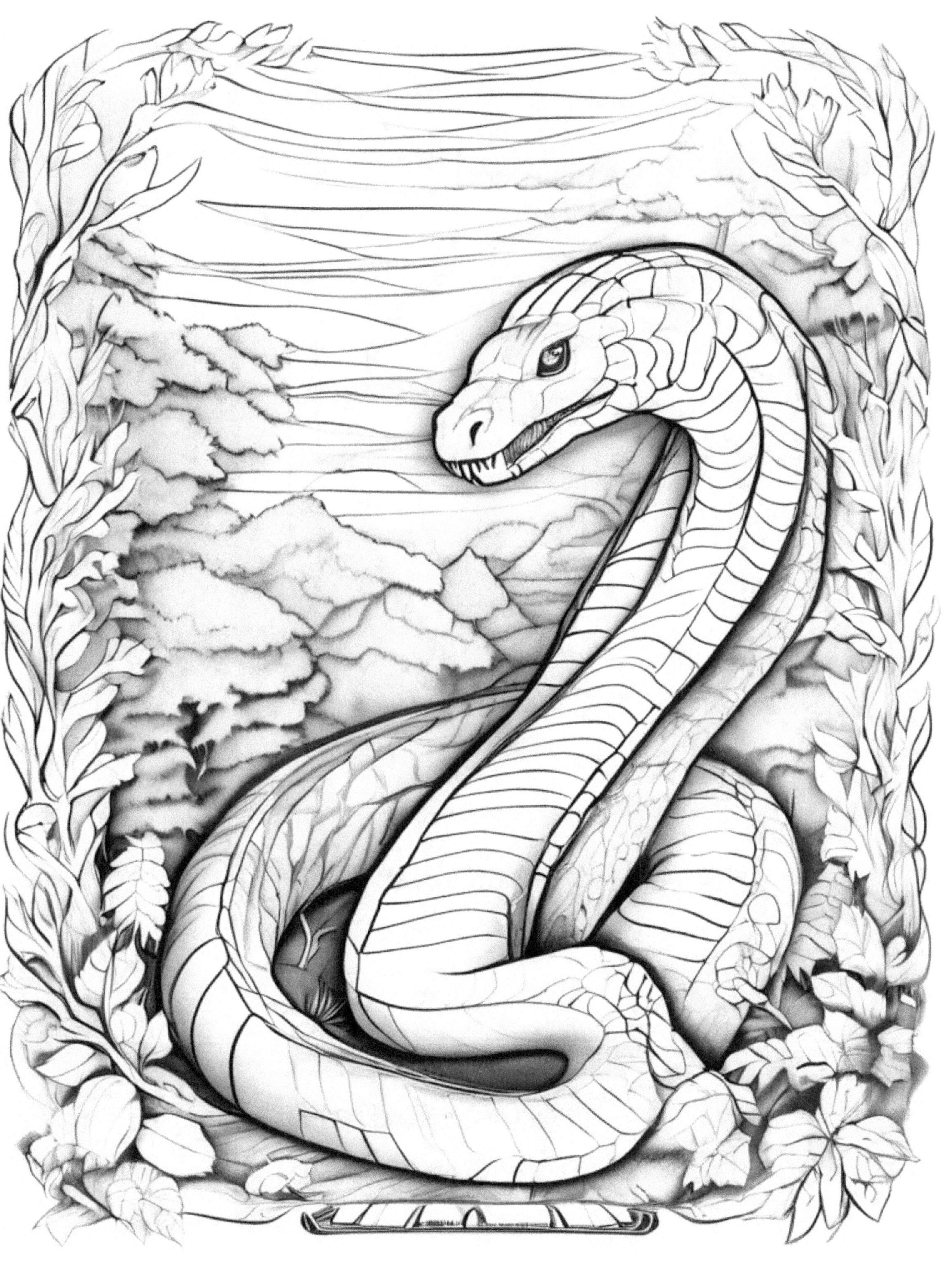

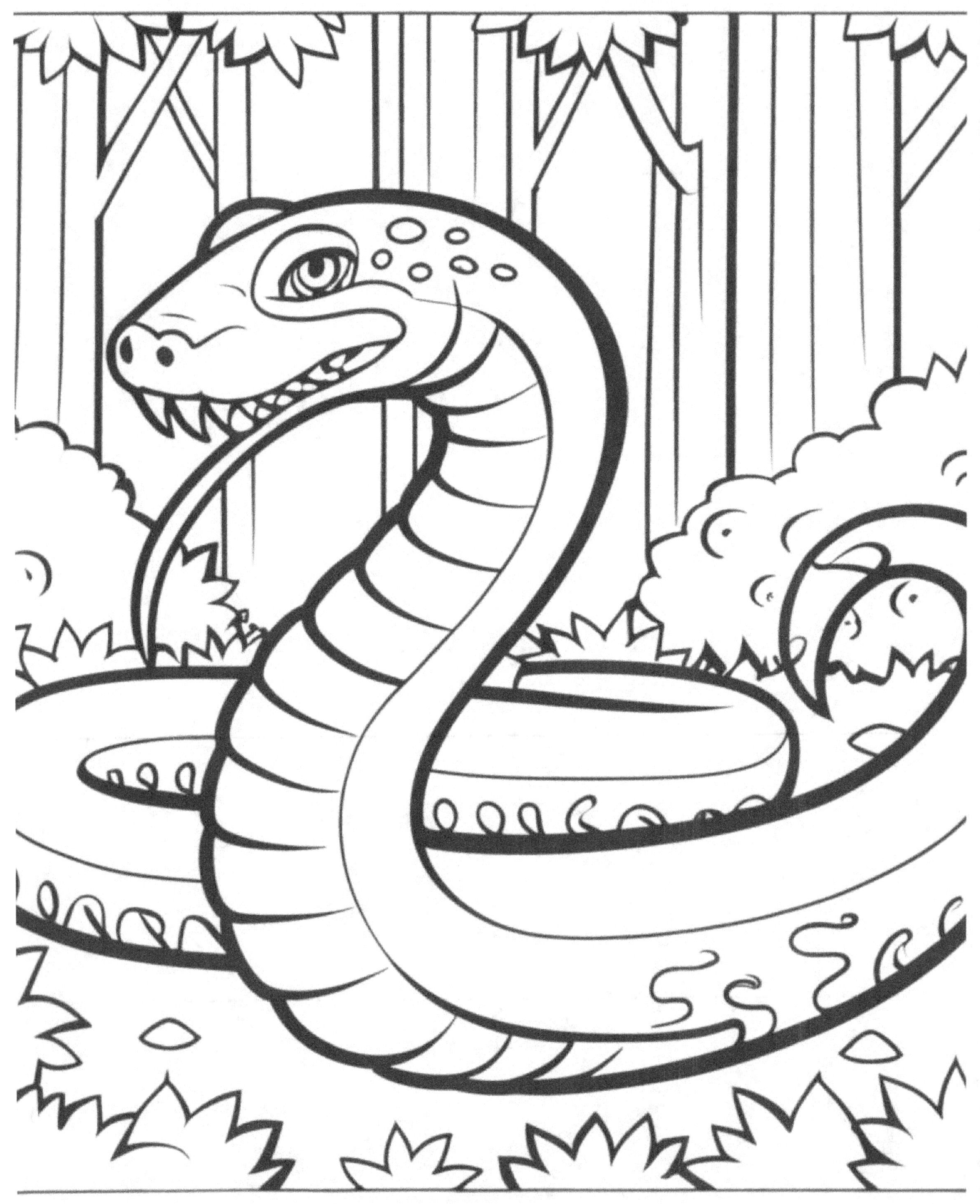

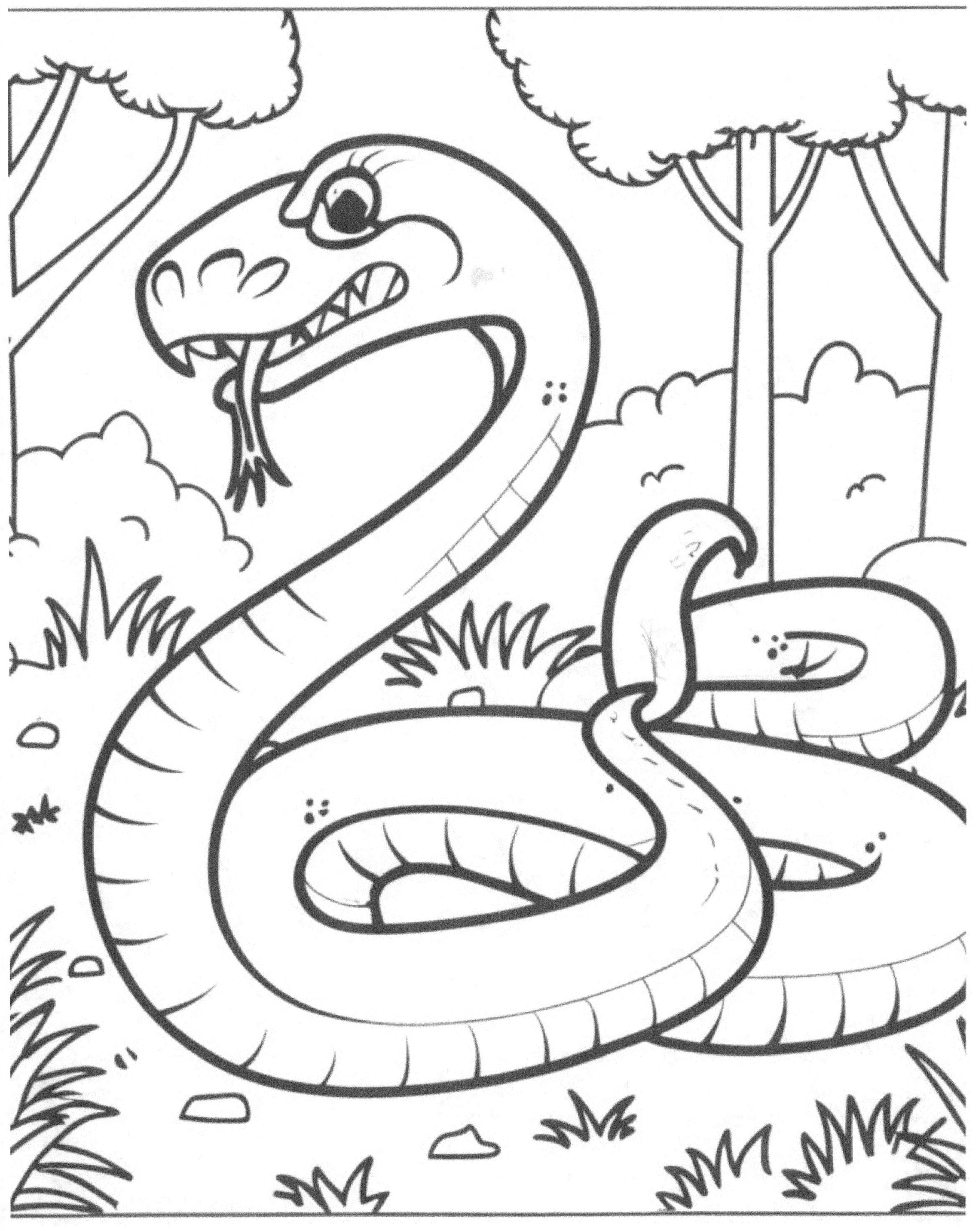

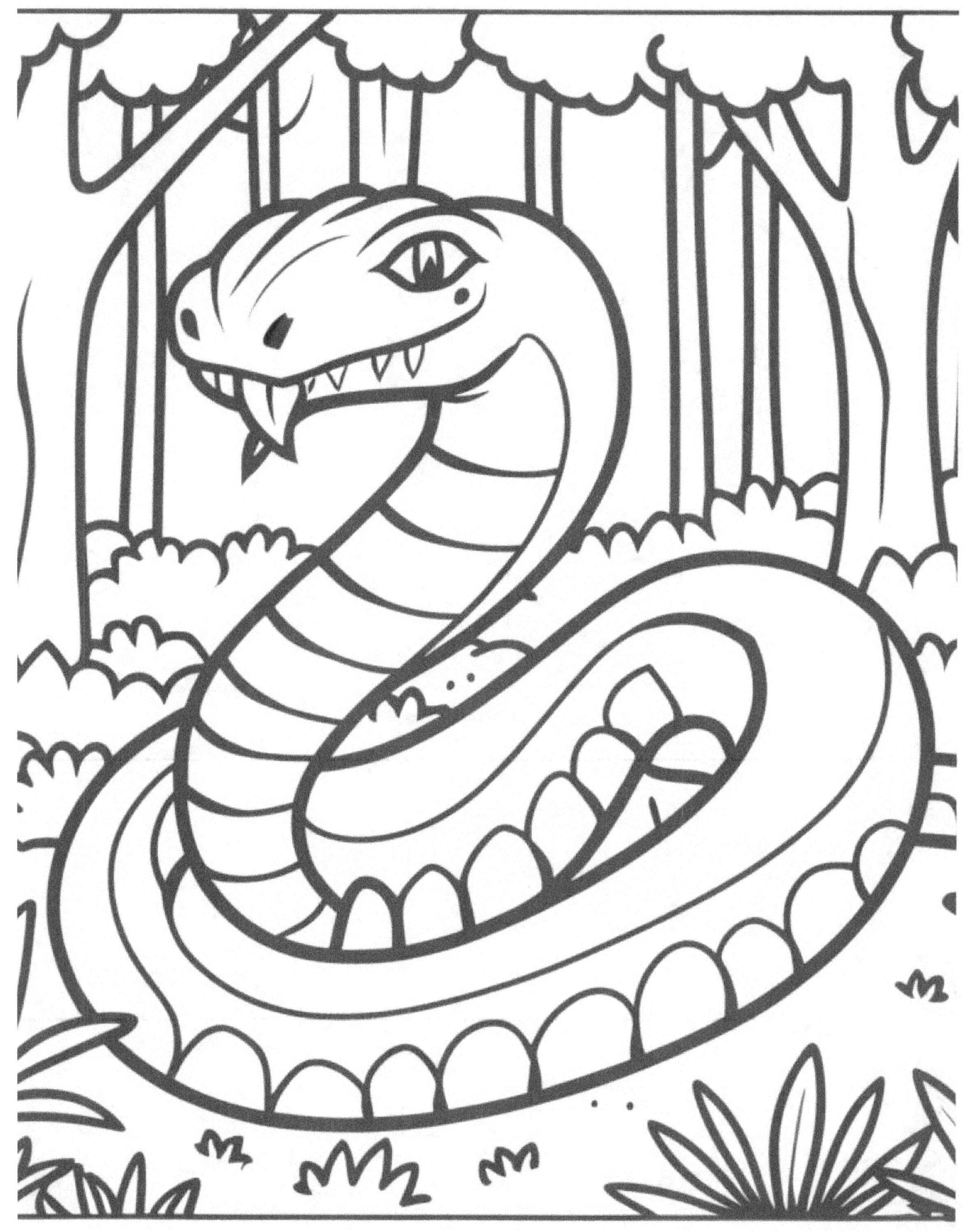

# Gondwanascorpio

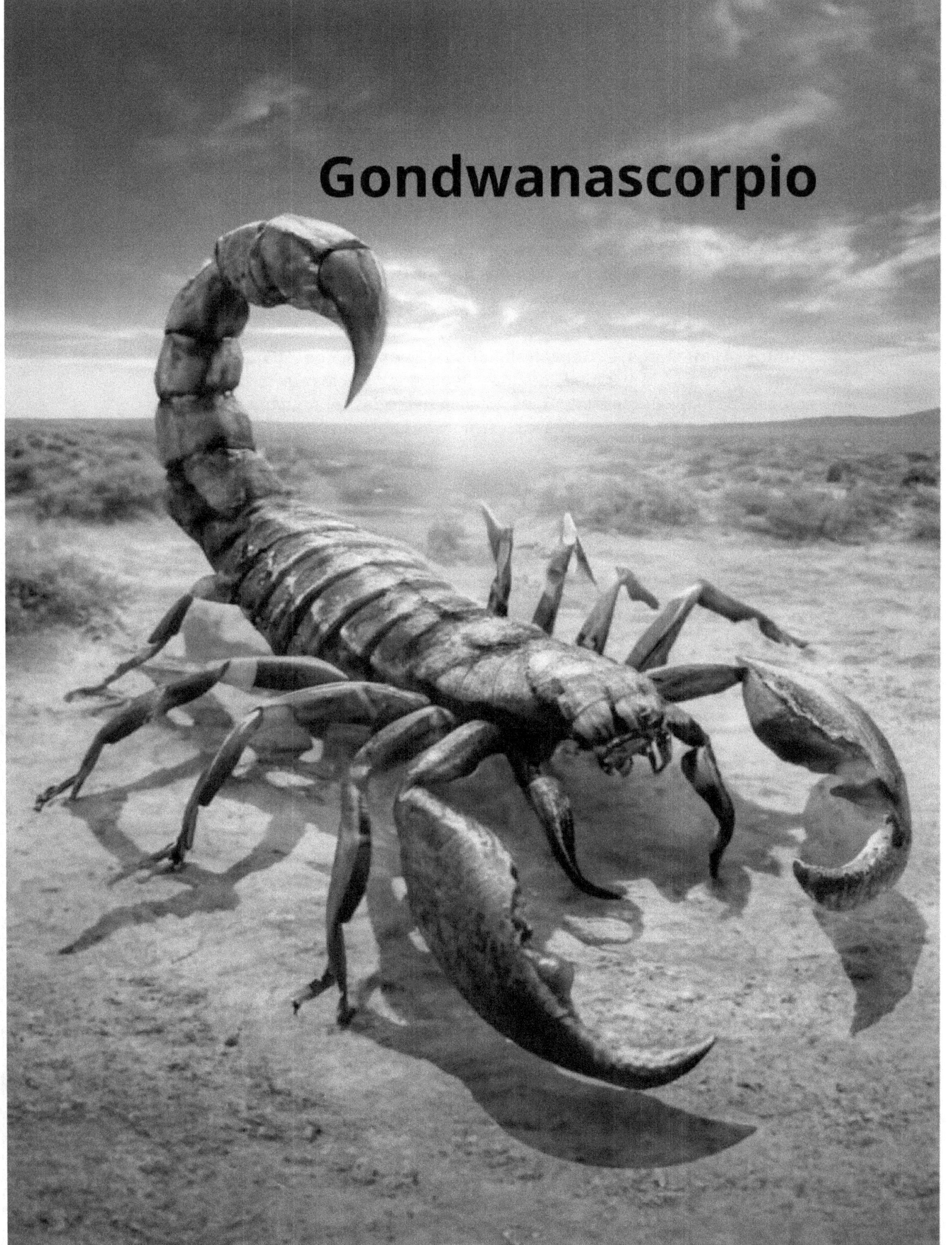

## Título: "Gondwanascorpio emzantsiensis: O Antigo Guardião de Gondwana"

Em tempos remotos, quando os continentes estavam unidos, um pequeno guardião vagava por Gondwana, o supercontinente ancestral. Este guardião era o Gondwanascorpio emzantsiensis, uma criatura intrigante e misteriosa. Vamos explorar a vida e os feitos deste antigo habitante de terras antigas!

**A Magnificência de Gondwanascorpio:** Imaginem um escorpião peculiar, com pinças curvas e um exoesqueleto adornado com detalhes únicos. O Gondwanascorpio emzantsiensis era uma joia do passado, adaptado aos vastos territórios do antigo Gondwana.

**Hábitos Alimentares e Caça Habilidosa:** Este pequeno guardião era um caçador astuto, alimentando-se de pequenos insetos e criaturas que compartilhavam seu habitat. Suas pinças delicadas eram uma ferramenta precisa para capturar suas presas, demonstrando uma adaptação notável à sua ecologia.

**Vida nas Terras de Gondwana:** Gondwanascorpio emzantsiensis habitava as vastas terras do antigo supercontinente de Gondwana. Podia ser encontrado em paisagens variadas, desde florestas exuberantes até áreas mais secas. Seu exoesqueleto resistente e habilidades de caça o tornavam um habitante versátil e resiliente.

**Locais onde Gondwanascorpio Reinava:** Gondwanascorpio emzantsiensis era um cidadão de Gondwana, percorrendo áreas que mais tarde se tornariam partes da África do Sul. Seus fósseis contam a história de um tempo em que os continentes estavam unidos, e esta pequena criatura explorava as terras antigas.

**Altura e Dimensões:** Em comparação com uma pessoa, o Gondwanascorpio era relativamente pequeno, medindo cerca de 10 centímetros de comprimento. Apesar de seu tamanho modesto, era uma peça importante no quebra-cabeça da vida antiga em Gondwana.

**Aventura ao Passado com Gondwanascorpio:** Crianças curiosas, fechem os olhos e imaginem-se viajando no tempo para Gondwana. Visualizem as paisagens exuberantes, onde o Gondwanascorpio emzantsiensis patrulhava como um pequeno guardião. Juntem-se a nós nesta aventura fascinante para explorar os segredos e maravilhas de Gondwanascorpio, o antigo guardião de Gondwana!

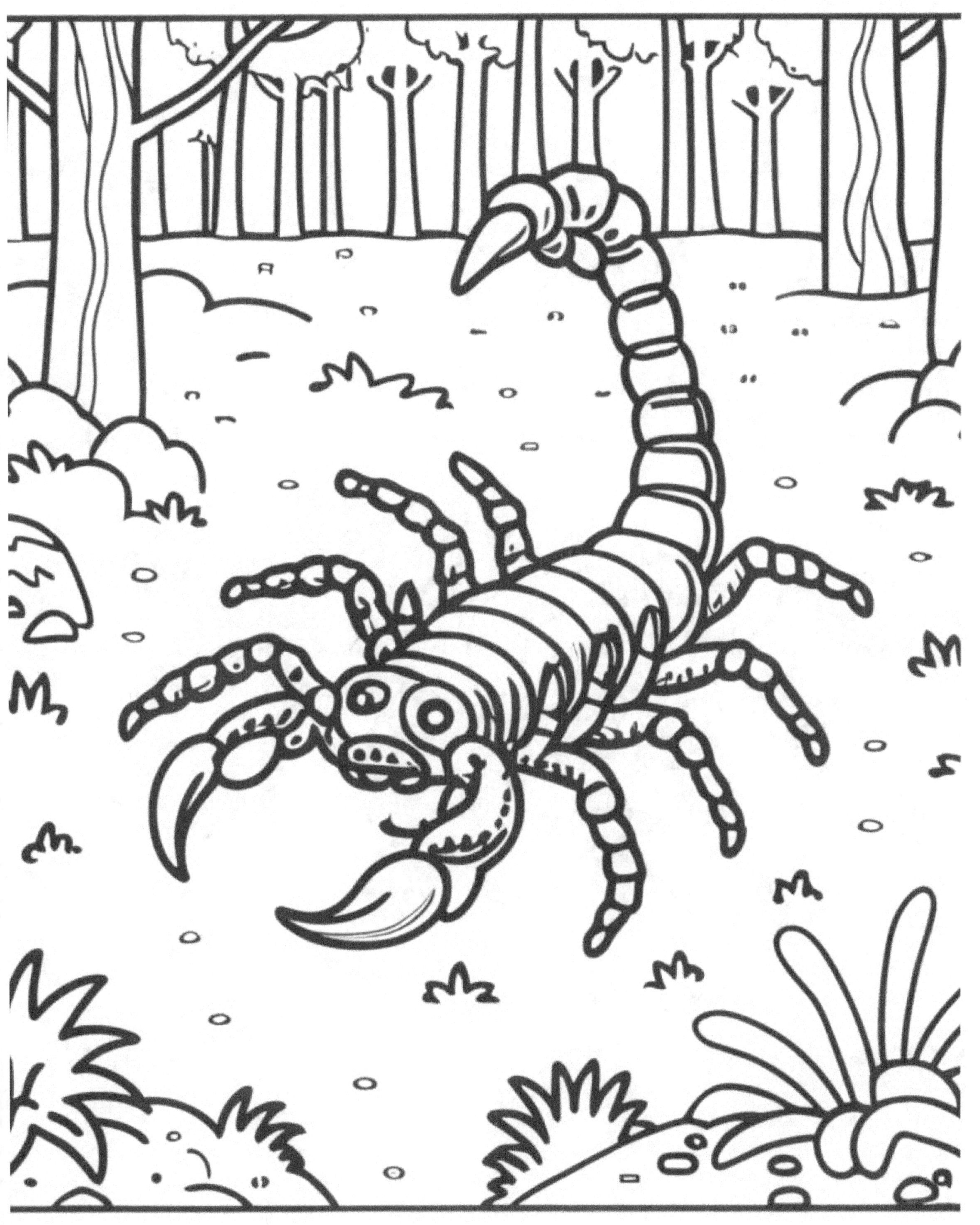

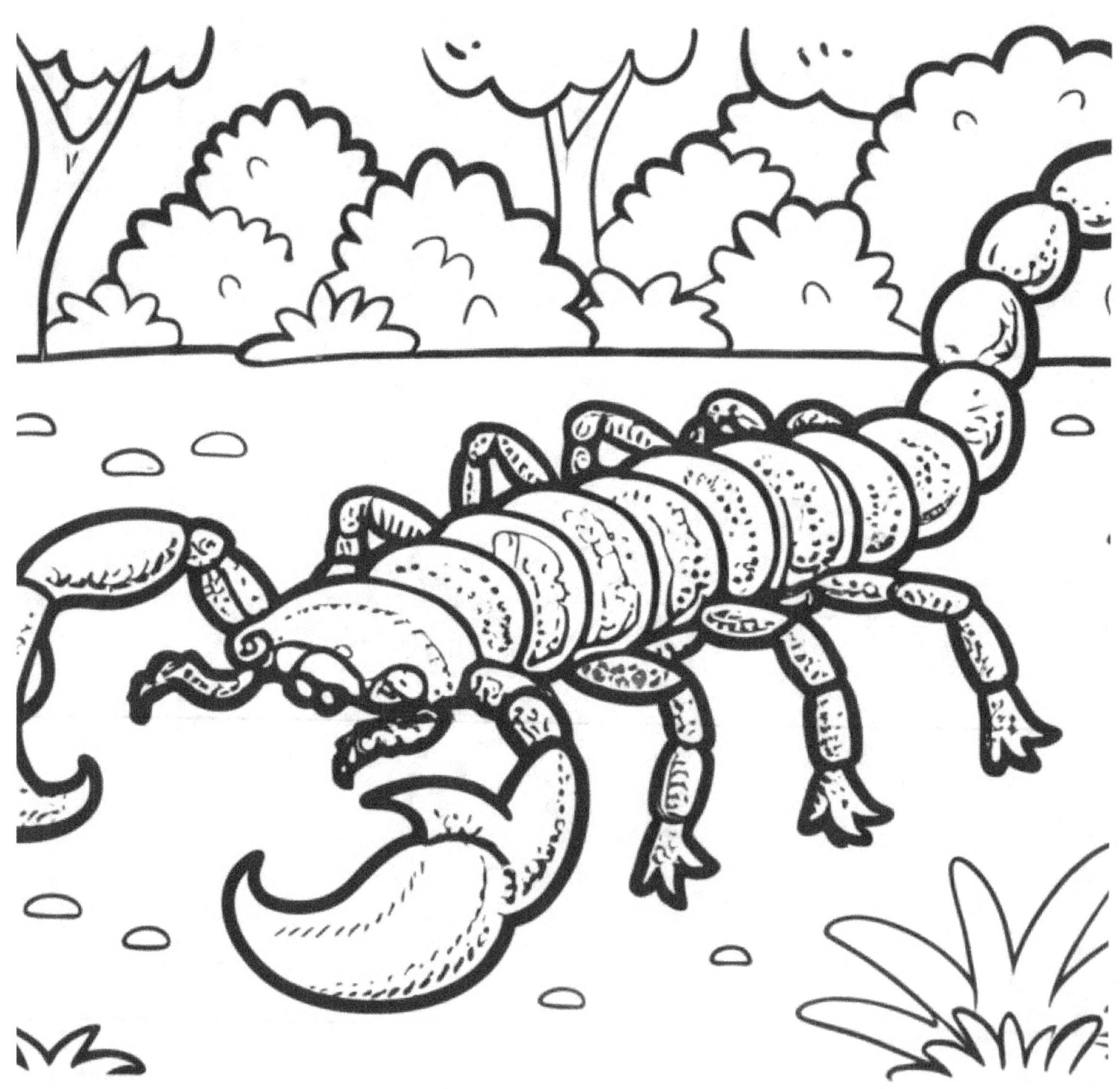

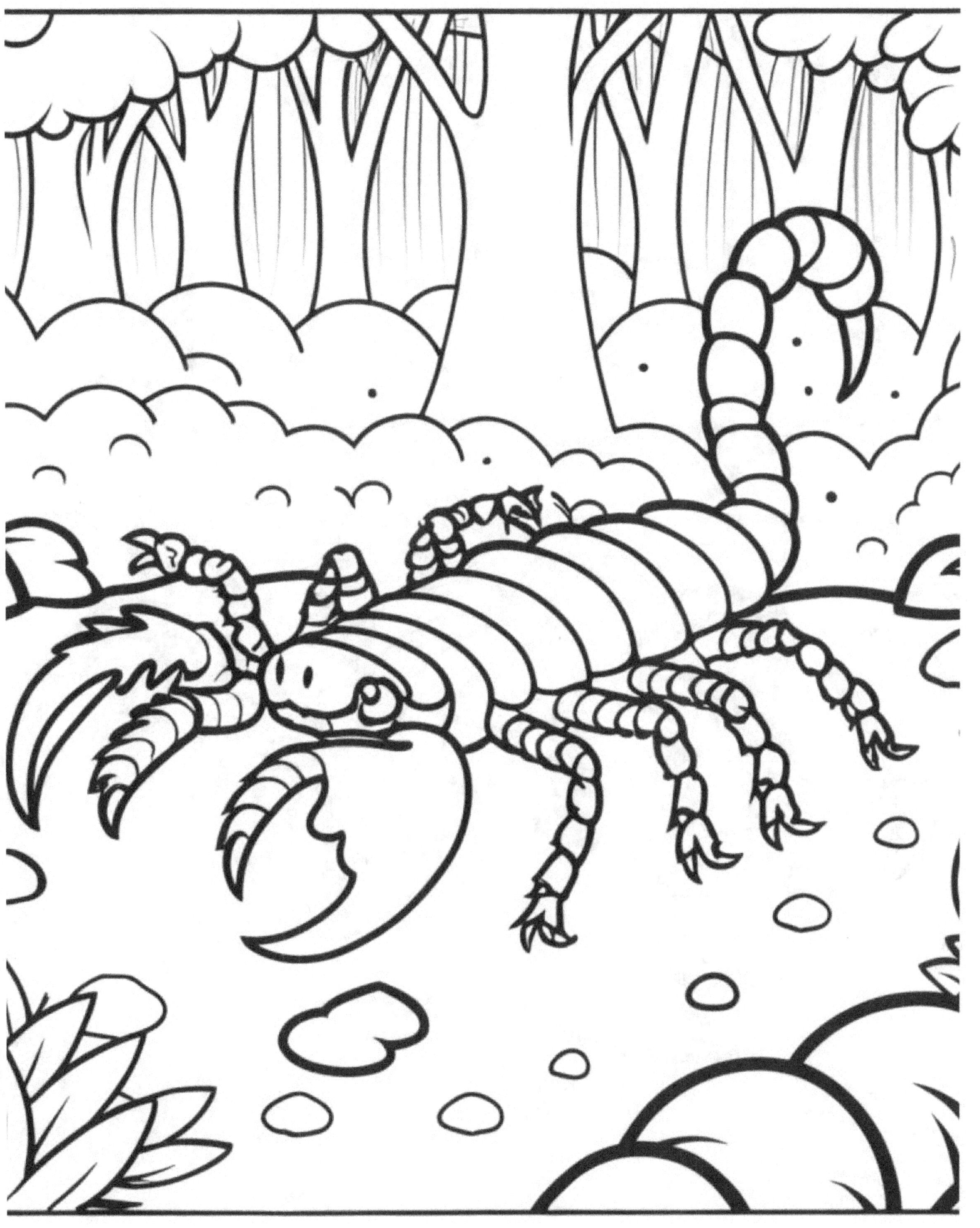

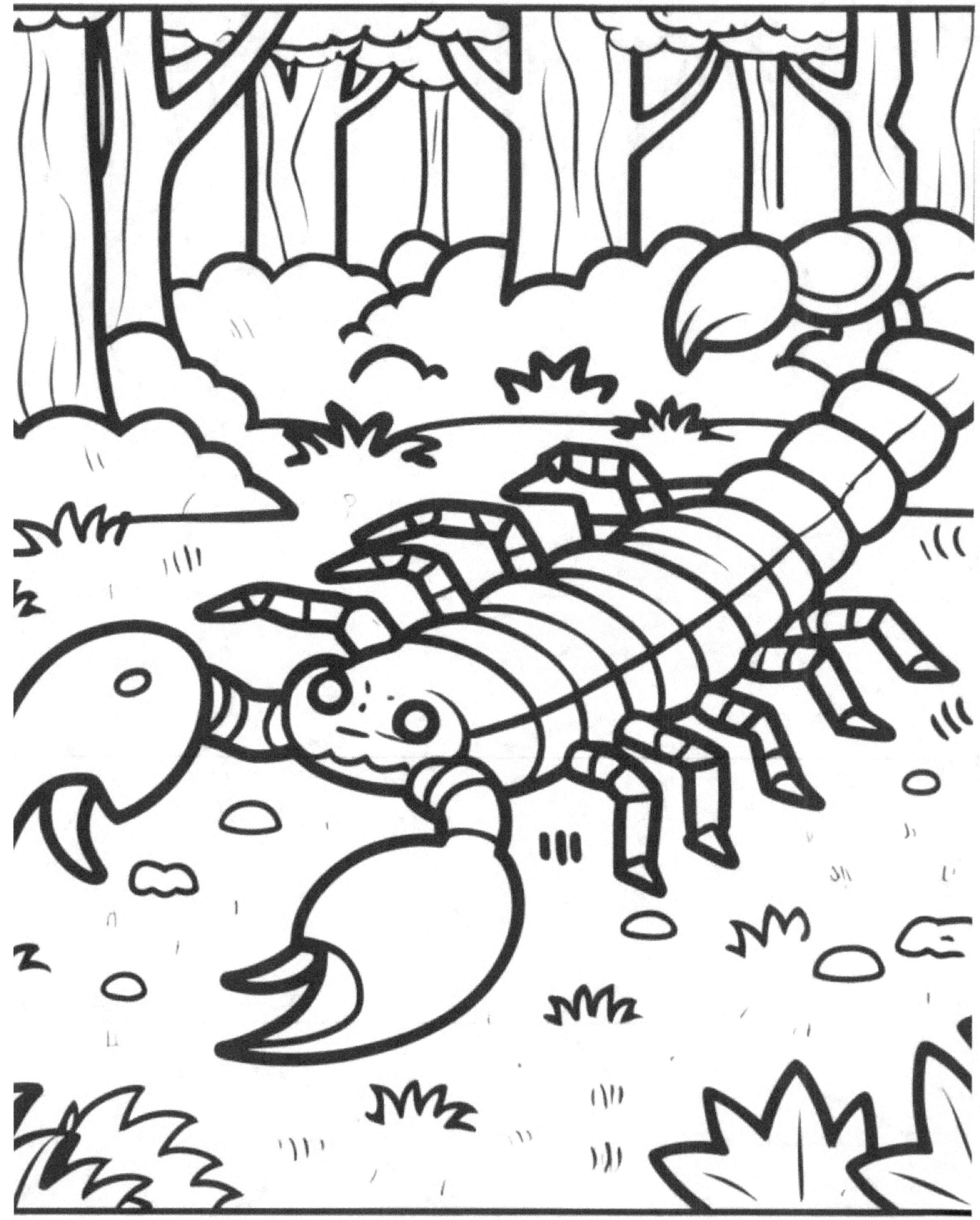

# Gigantopithecus

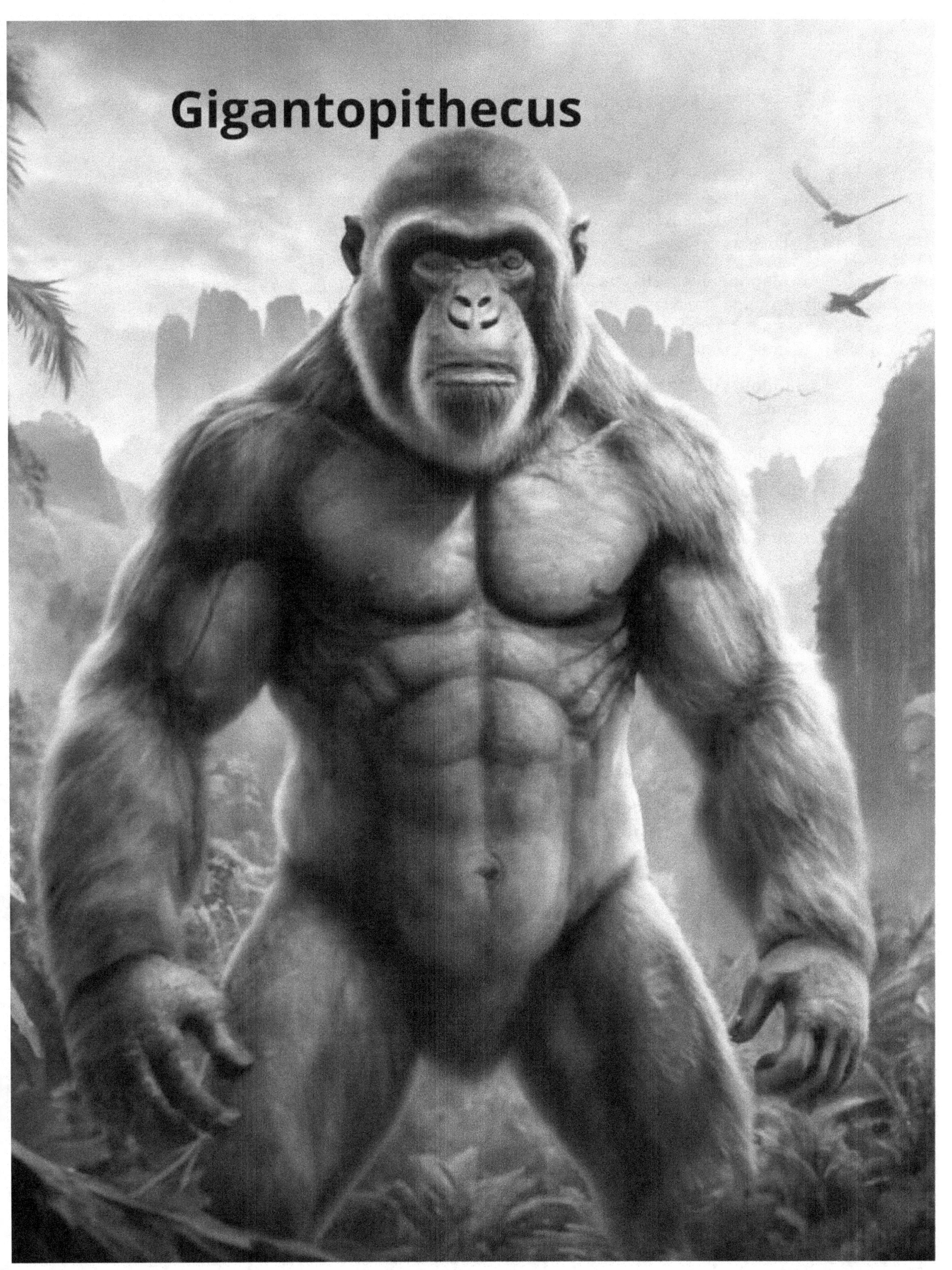

# Título: "Arctodus: O Gigante Ursídeo das Eras Passadas"

Em um passado distante, quando vastas extensões de terra eram governadas por criaturas magníficas, um gigante ursídeo dominava as paisagens: o Arctodus. Vamos explorar as maravilhas desse colosso peludo que vagava pelas eras antigas.

**A Magnificência do Arctodus:** Imagine um urso de proporções gigantescas, com uma pelagem espessa e garras impressionantes. O Arctodus era verdadeiramente um gigante ursídeo, destacando-se como um dos maiores mamíferos carnívoros terrestres de seu tempo.

**Hábitos Alimentares e Caça Poderosa:** O Arctodus era um carnívoro formidável, alimentando-se de uma variedade de presas, incluindo mamutes e outros grandes mamíferos. Suas garras afiadas e dentes poderosos faziam dele um caçador temível nas paisagens antigas.

**Vida nas Terras Antigas:** Esses gigantes ursídeos habitavam várias regiões da América do Norte, desde as florestas densas até as vastas planícies. Sua adaptabilidade a diferentes ambientes tornava-os senhores das terras antigas, explorando vastas extensões em busca de alimento.

**Locais Onde Arctodus Reinava:** Fósseis do Arctodus foram descobertos em várias partes da América do Norte, indicando sua presença dominante nas paisagens antigas. Seus restos fósseis contam a história de um predador imponente que caminhava pelas terras antigas.

**Altura e Peso Imponentes:** O Arctodus alcançava alturas consideráveis quando em pé, podendo chegar a mais de 3 metros. Seu peso variava, mas alguns indivíduos podiam pesar mais de uma tonelada. Essas dimensões faziam dele uma presença imponente nas paisagens pré-históricas.

**Aventura com Arctodus:** Crianças aventureiras, fechem os olhos e imaginem-se caminhando pelas terras antigas ao lado do Arctodus. Visualizem esse gigante ursídeo vagando pelas florestas ancestrais, uma figura majestosa em um mundo perdido.

Junte-se a nós nesta jornada emocionante para explorar os mistérios e maravilhas do Arctodus, o gigante ursídeo das eras passadas, uma criatura que deixou uma pegada notável na história da vida na Terra.

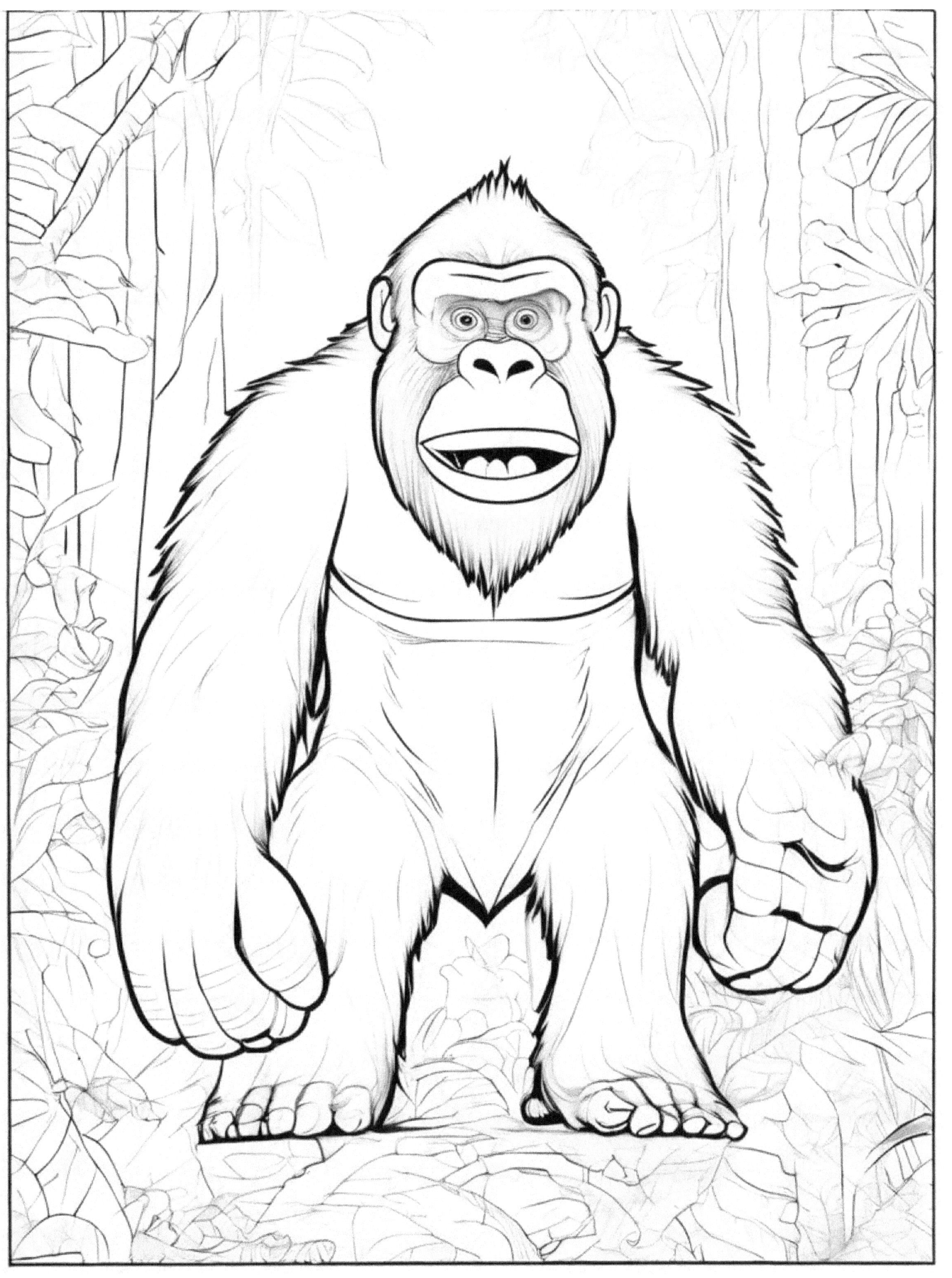

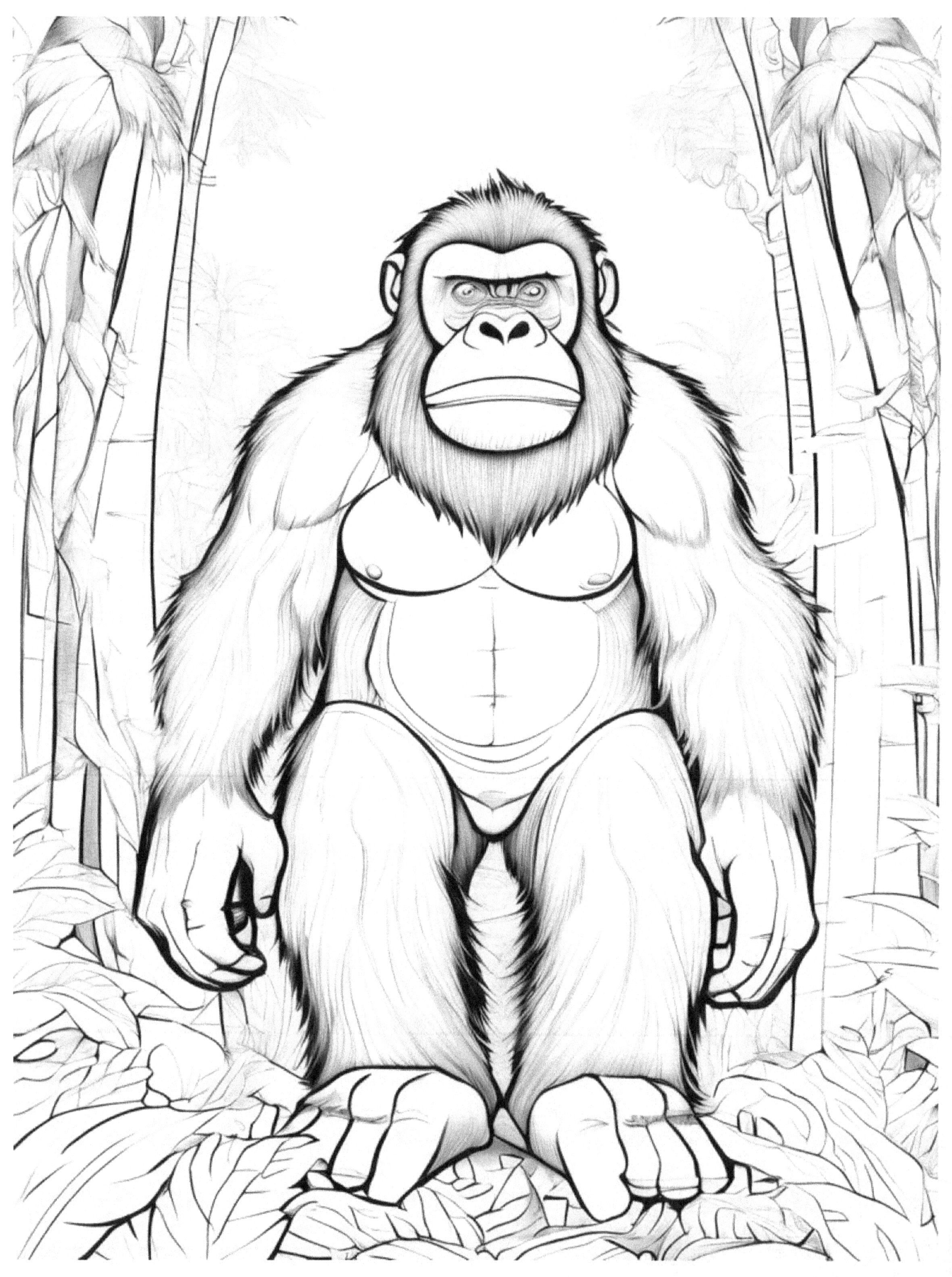

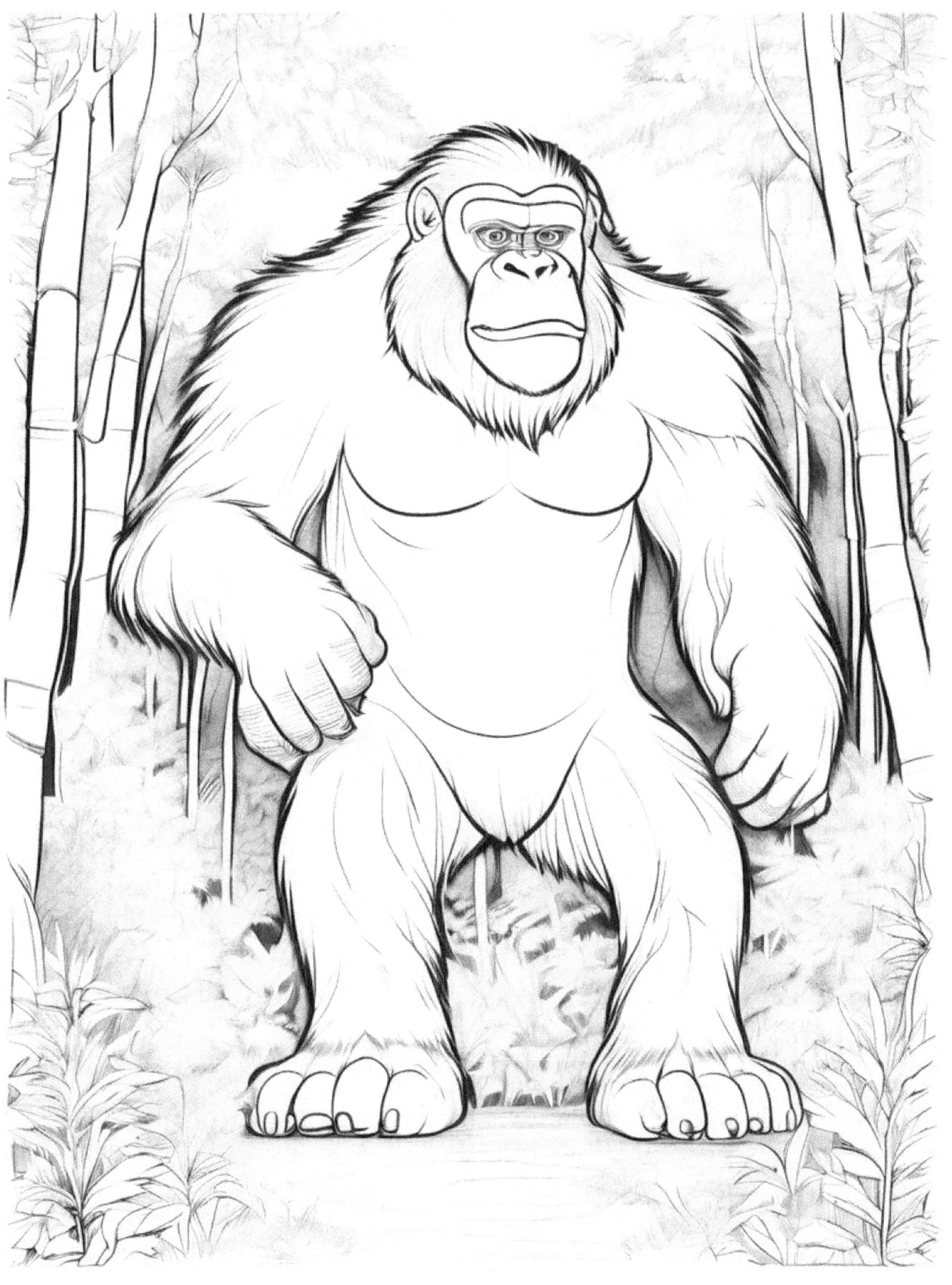

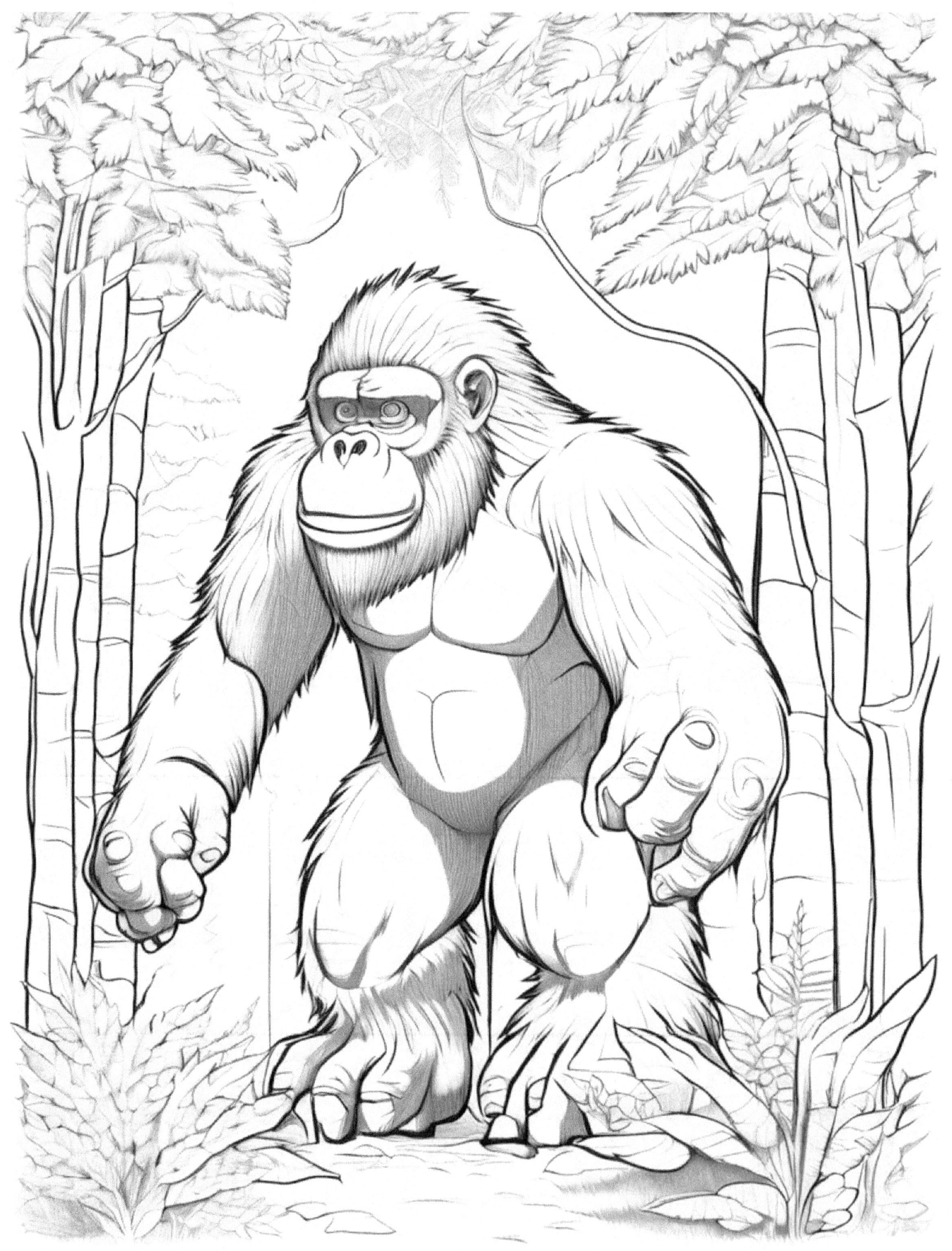

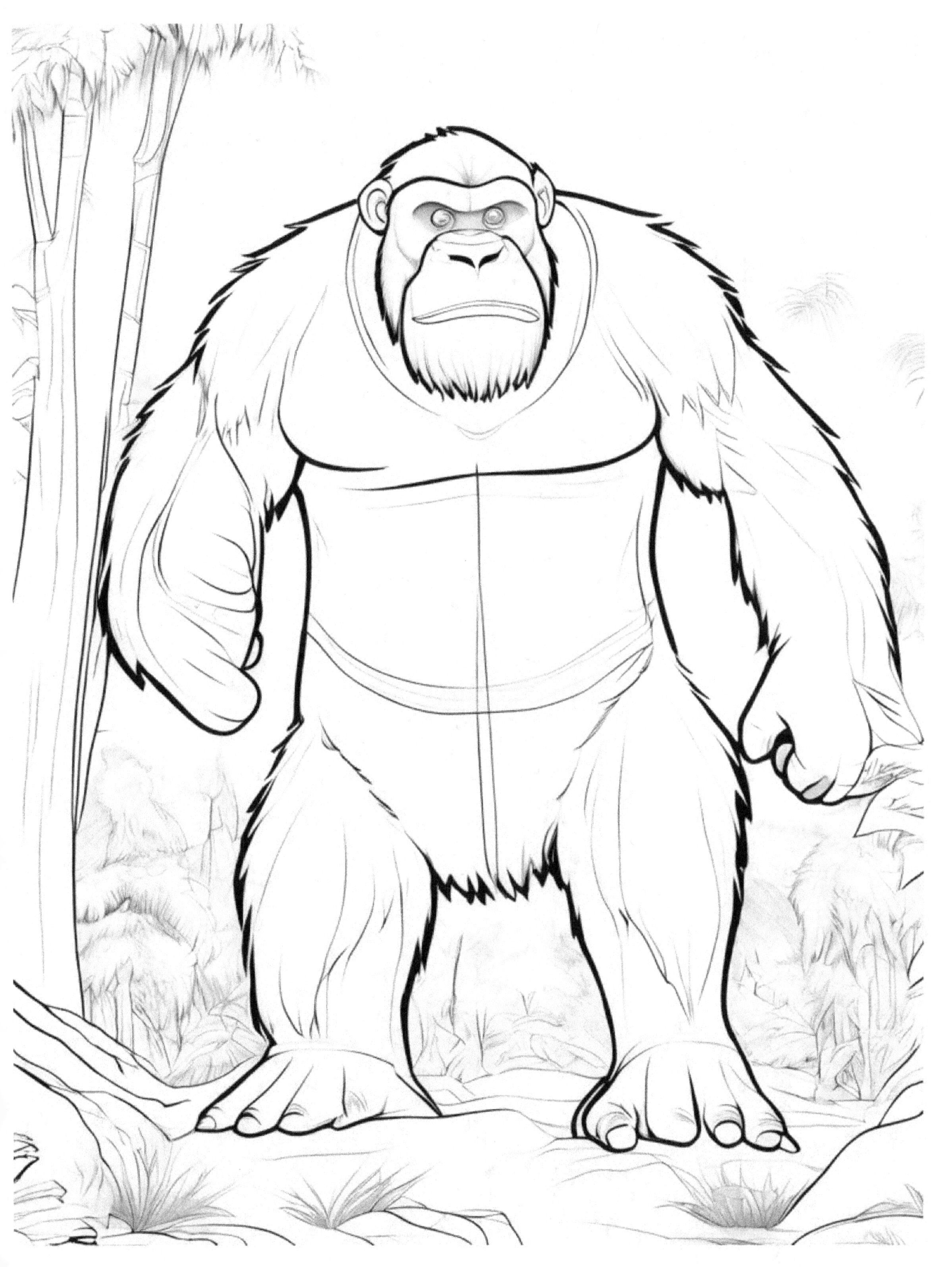

# Arctodus

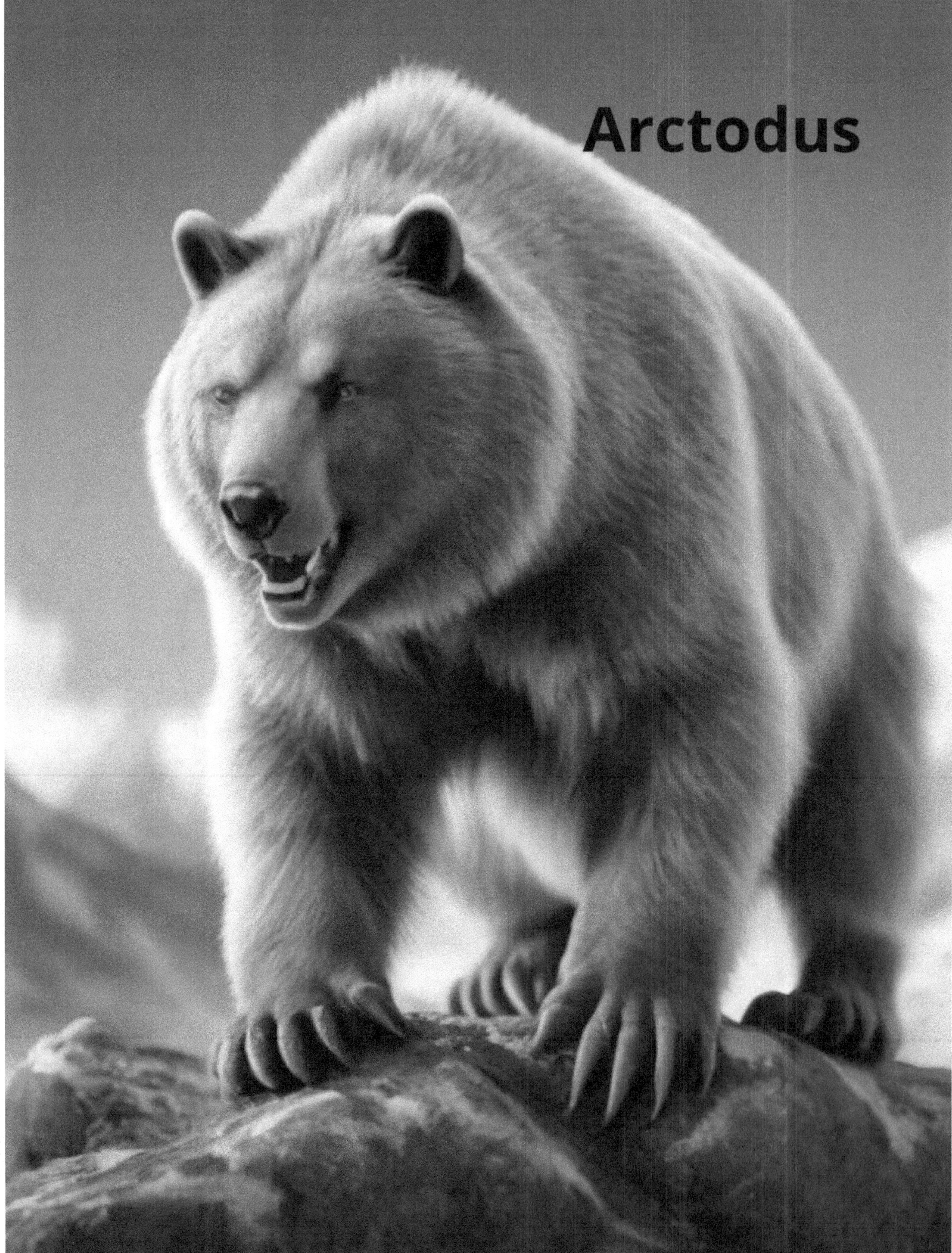

## Título: "Arctodus: O Gigante Ursídeo das Eras Passadas"

Em um passado distante, quando vastas extensões de terra eram governadas por criaturas magníficas, um gigante ursídeo dominava as paisagens: o Arctodus. Vamos explorar as maravilhas desse colosso peludo que vagava pelas eras antigas.

**A Magnificência do Arctodus:** Imagine um urso de proporções gigantescas, com uma pelagem espessa e garras impressionantes. O Arctodus era verdadeiramente um gigante ursídeo, destacando-se como um dos maiores mamíferos carnívoros terrestres de seu tempo.

**Hábitos Alimentares e Caça Poderosa:** O Arctodus era um carnívoro formidável, alimentando-se de uma variedade de presas, incluindo mamutes e outros grandes mamíferos. Suas garras afiadas e dentes poderosos faziam dele um caçador temível nas paisagens antigas.

**Vida nas Terras Antigas:** Esses gigantes ursídeos habitavam várias regiões da América do Norte, desde as florestas densas até as vastas planícies. Sua adaptabilidade a diferentes ambientes tornava-os senhores das terras antigas, explorando vastas extensões em busca de alimento.

**Locais Onde Arctodus Reinava:** Fósseis do Arctodus foram descobertos em várias partes da América do Norte, indicando sua presença dominante nas paisagens antigas. Seus restos fósseis contam a história de um predador imponente que caminhava pelas terras antigas.

**Altura e Peso Imponentes:** O Arctodus alcançava alturas consideráveis quando em pé, podendo chegar a mais de 3 metros. Seu peso variava, mas alguns indivíduos podiam pesar mais de uma tonelada. Essas dimensões faziam dele uma presença imponente nas paisagens pré-históricas.

**Aventura com Arctodus:** Crianças aventureiras, fechem os olhos e imaginem-se caminhando pelas terras antigas ao lado do Arctodus. Visualizem esse gigante ursídeo vagando pelas florestas ancestrais, uma figura majestosa em um mundo perdido.

Junte-se a nós nesta jornada emocionante para explorar os mistérios e maravilhas do Arctodus, o gigante ursídeo das eras passadas, uma criatura que deixou uma pegada notável na história da vida na Terra.

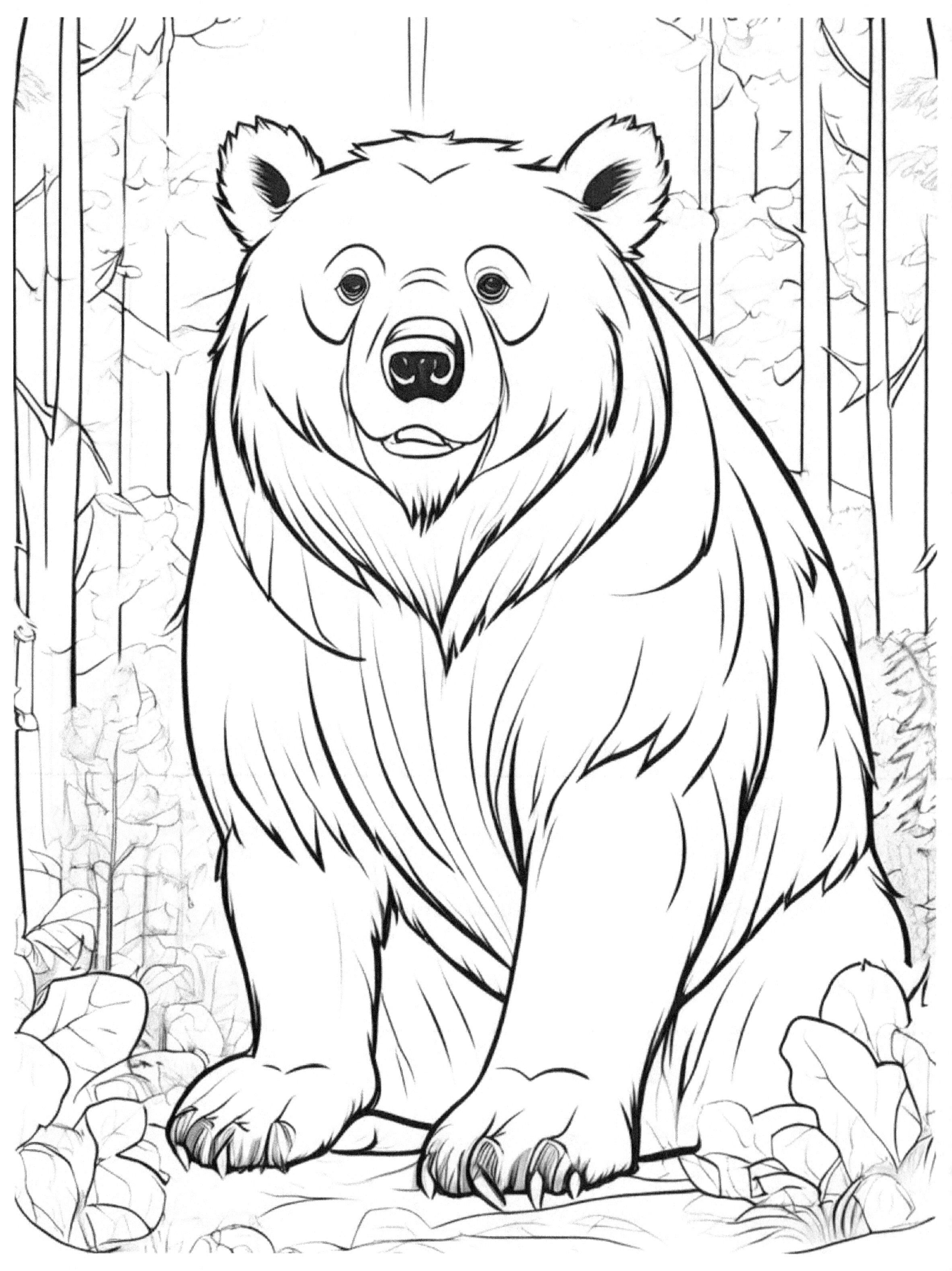

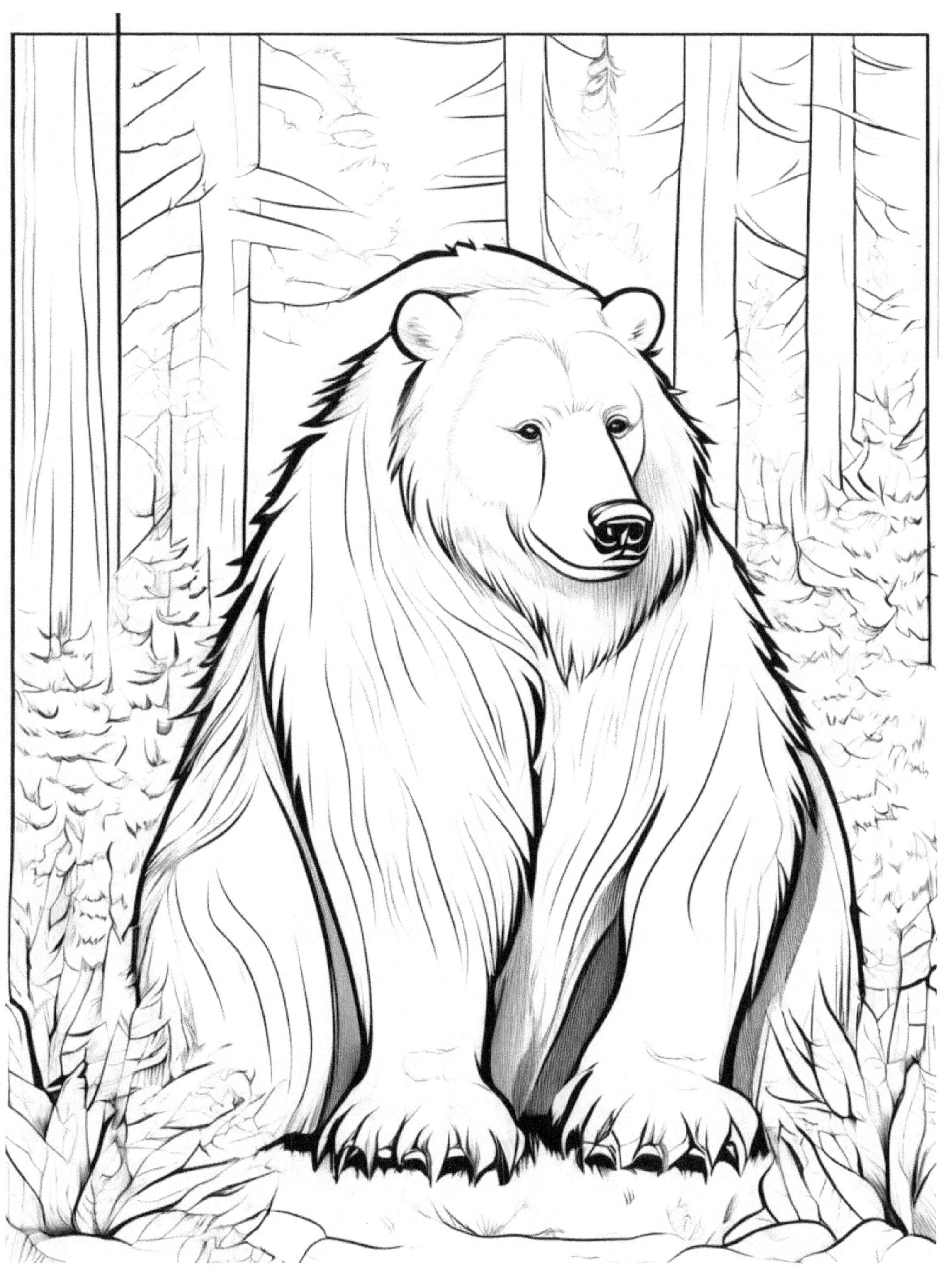

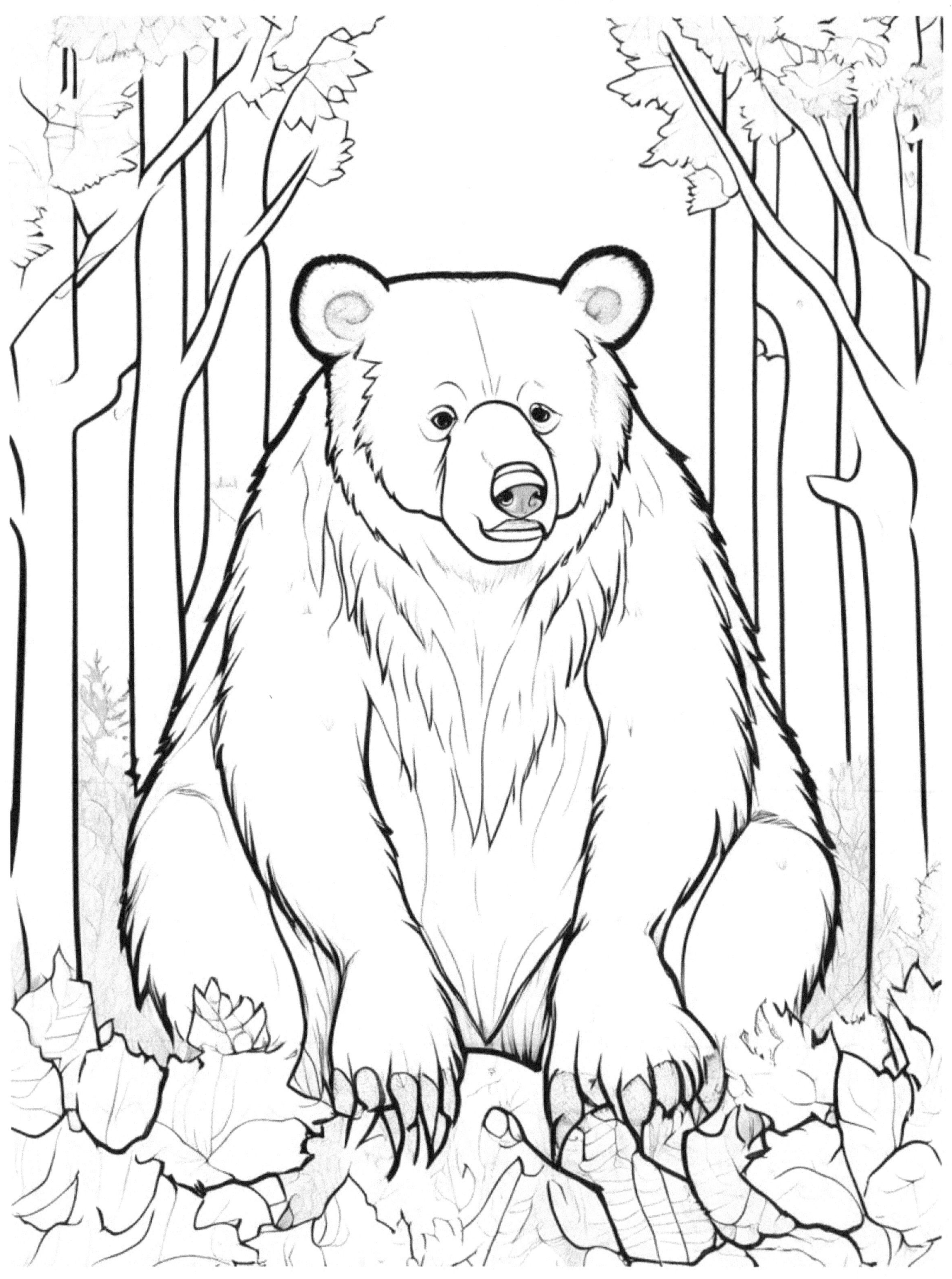

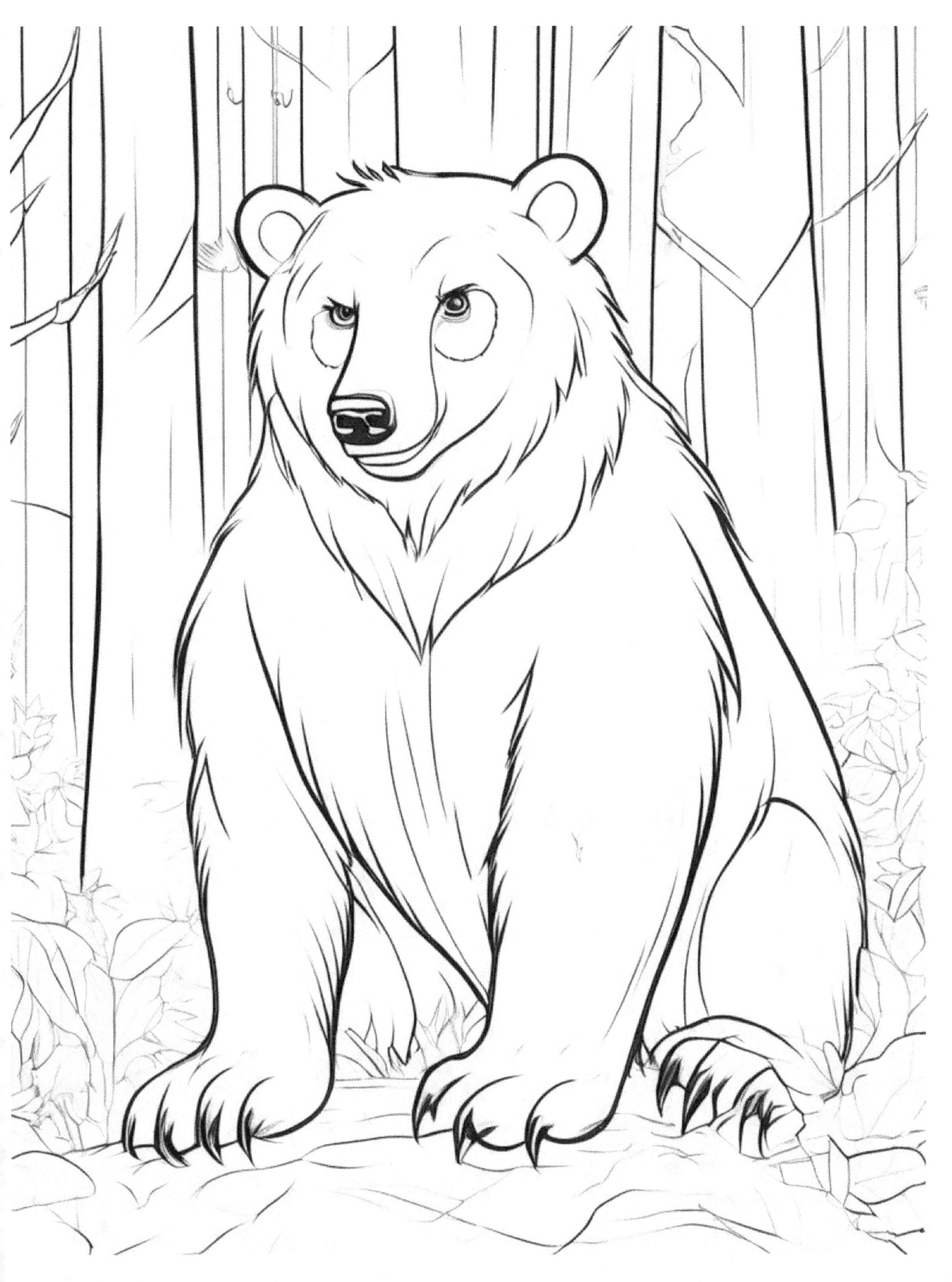

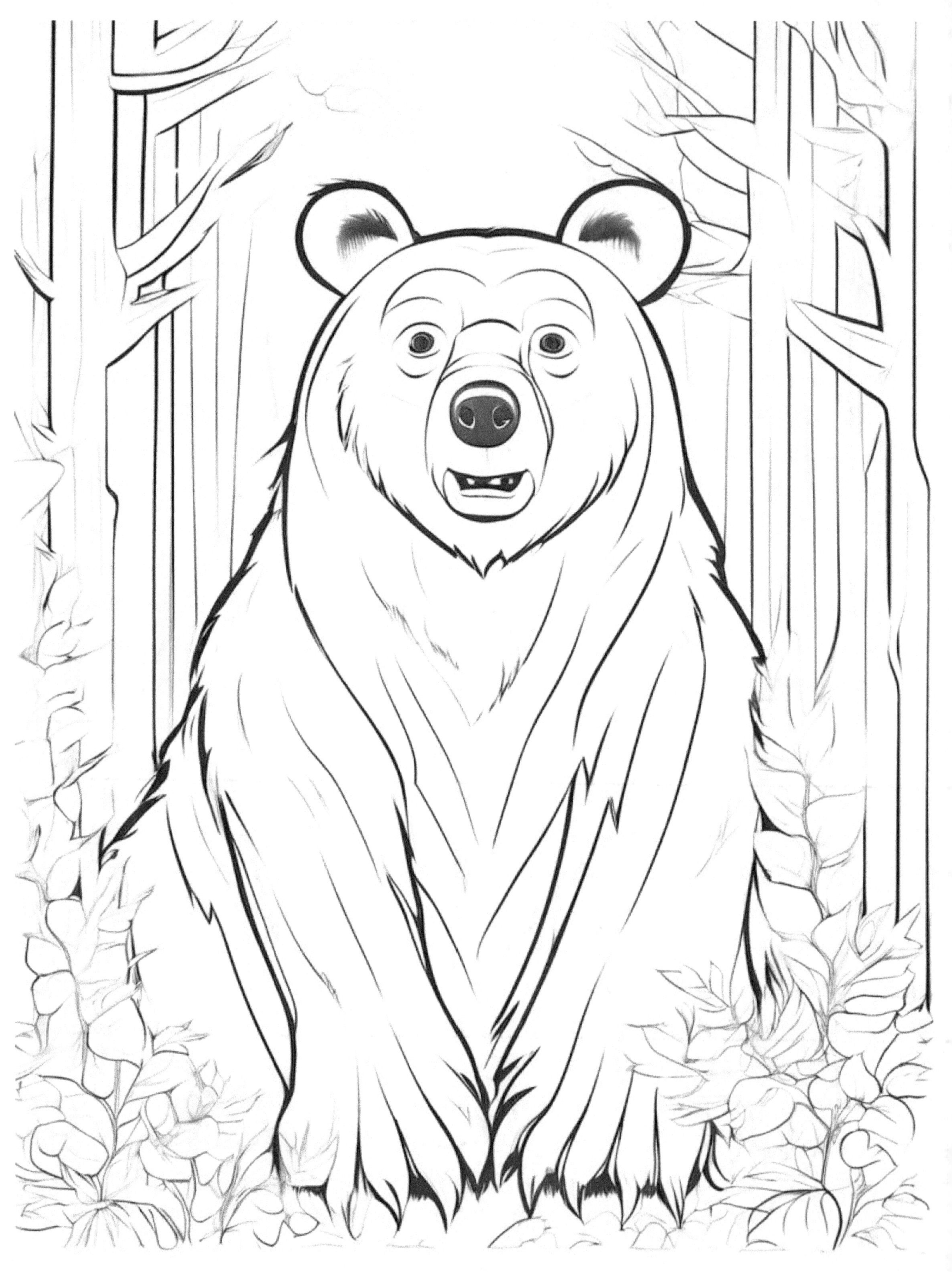

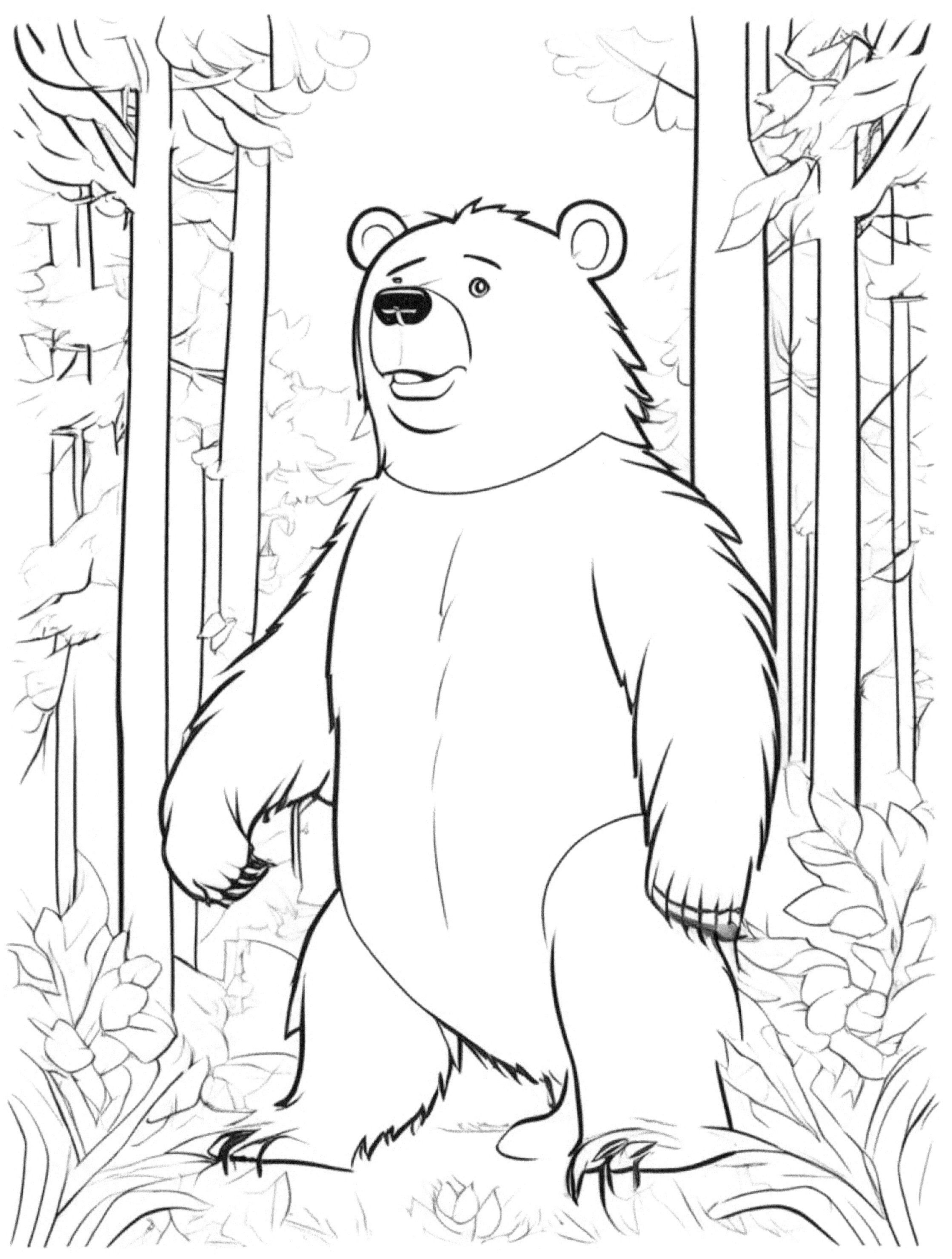

www.ingramcontent.com/pod-product-compliance
Lightning Source LLC
Chambersburg PA
CBHW082341270726
48658CB00017B/2924